TIT COURS
DE VERSIONS ALLEMANDES,

A L'USAGE

DES COLLÉGES ET DES MAISONS D'ÉDUCATION,

PAR

PAUL ROUSTAN.

NOUVELLE ÉDITION, REVUE ET AUGMENTÉE.

STRASBOURG,

DERIVAUX, LIBRAIRE, RUE DES HALLEBARDES, 23.

PARIS,

CHARLES HINGRAY, LIBRAIRE, RUE DE SEINE, 10.

1839.

PETIT COURS
DE VERSIONS ALLEMANDES,

A L'USAGE

DES COLLÉGES ET DES MAISONS D'ÉDUCATION;

PAR

PAUL ROUSTAN.

NOUVELLE ÉDITION, REVUE ET AUGMENTÉE.

Strasbourg,

DERIVAUX, LIBRAIRE, RUE DES HALLEBARDES, 23.

Paris,

LAGNY FRÈRES, LIBRAIRES, RUE BOURBON-
LE-CHATEAU, 1.

1839.

STRASBOURG, IMPRIMERIE DE G. SILBERMANN.

PRÉFACE.

La construction inverse de l'allemand est un obstacle qui trop souvent embarrasse dès l'abord ceux qui s'appliquent à l'étude de cette langue : on ne trouve point de livre où cette difficulté ne se rencontre. Voici un petit ouvrage tout élémentaire, dans lequel on a eu soin de donner à chaque phrase une construction directe, et de maintenir cependant, autant qu'il se pouvait, la pureté de la diction allemande. Il se compose d'une série graduée d'exercices faciles et variés, divisés en paragraphes, dont chacun traite quelque sujet intéressant. Le vocabulaire qu'on a cru devoir y joindre, épargne aux commençants la perte de temps qu'entraîne l'usage des dictionnaires.

Ces exercices ne présentent donc à l'élève français qu'un simple travail de traduction littérale ou de mot à mot. L'élève allemand y trouvera un cours de thèmes français d'autant plus faciles que la phrase allemande y a été rédigée suivant les lois de la construction française.

PETIT COURS

DE VERSIONS ALLEMANDES.

I.

Karl ist ein gutes Kind; er liebt Gott, er gehorcht seinen Eltern und thut alles was die Religion ihm befiehlt. Auch hat er gelernt was wenige kleine Knaben seines Alters wissen. Er liest sehr gut und schreibt noch besser. Er weiß das kleine und große Einmaleins auswendig und ist heute der Erste seiner Schule. Er kennt die fünf Welttheile: Europa, Asien, Afrika, Amerika und Neuholland; er kennt ebenso die großen Flüsse, die großen Berge und die großen Städte Frankreichs, denn dieses Königreich ist sein Vaterland. Er zeichnet wie ein Knabe von zwölf Jahren; aber er ist nicht so alt, denn seine Mutter sagte noch gestern: Karl hatte vorgestern sechs Jahre und zwei Monate. Ein solches Kind ist geliebt von Gott und von den Menschen.

II.

Gott ist der Schöpfer des Himmels und der Erde; er hat alles gemacht was wir sehen: die Luft und das Wasser, die Sonne und den Mond, die Pflanzen und die Thiere und endlich den Menschen. Nichts kann leben ohne Luft und ohne Wasser. Der Tag ist der Sohn der Sonne; wir sehen während der Nacht den Mond und die Sterne. Die Steine wachsen in der Erde, aber ohne Wurzeln; die Pflanzen wach= sen auch in der Erde; aber sie haben Wurzeln, einen Stiel oder einen Stamm und Blätter. Die Fische schwimmen in dem Wasser; die Vögel fliegen in der Luft, und die Thiere mit [1] vier Füßen leben auf der Erde und einige laufen sehr schnell. Der Mensch ist erschaffen nach [2] dem Bilde Gottes; er ist der König der Erde.

[1] mit, à. [2] nach, à.

III.

Die Gestalt der Erde ist beinahe diejenige eines Eies. Sie hat eine Oberfläche und einen Mittel= punkt. Niemand kennt diesen Mittelpunkt oder den Schooß der Erde; wir sehen nur von Zeit zu [1] Zeit

Waſſer, Feuer, Schwefel und Aſche ausbrechen aus dem Innern der Erde. Dieſe Ausbrüche ſind gewöhnlich begleitet von Erſchütterungen; wir nennen dieſe Naturerſcheinung ein Erdbeben. Die Gelehrten ſagen: In dem Mittelpunkte der Erde iſt ein großes Feuer, und dieſes Feuer brennt Tag und Nacht. Das Waſſer in dem Innern der Erde iſt zu vergleichen dem Blute in den Adern der Thiere. Wir nennen Quelle einen Ort, wo das Waſſer ſprudelt aus dem Schooße der Erde. Die Quellen ſind die Wiege der Flüſſe; die Flüſſe haben meiſtentheils ihre Mündung in das Meer. Die Erde enthält auch die verſchiedenen Metalle, wie das Gold, das Silber, das Kupfer, das Blei, das Eiſen und andere. Die Oberfläche der Erde iſt beſſer bekannt; ſie iſt der Gegenſtand der Erdbeſchreibung.

[1] zu, en.

IV.

Wenn man dich fragt nach [1] den Elementen der Welt, antworte: Es gibt vier Elemente, die Luft, das Feuer, das Waſſer und die Erde. Nicht ein einziges Weſen kann leben ohne ſie, denn ſie ſind der Grund aller Dinge. Man athmet die Luft; die Luft iſt auch die einzige Nahrung gewiſſer Thierlein. Der Wind iſt nichts anderes als Luft welche ſich bewegt; der Sturm zur[2] See iſt veranlaßt durch den Wind. Der Wind der Wüſte, der Samum, iſt Luft; ſeine Natur iſt giftig und ſehr gefährlich, denn alles was athmet wenn er vorüberzieht, ſtirbt: die Menſchen, die Thiere und die Pflanzen. Wie nennt ihr den ſanf= ten Hauch der Luft während der ſchönen Abende des Sommers? Zephyr. Das Feuer leuchtet und wärmt wenn es brennt; es dient den Menſchen als[3] Licht in der Dunkelheit. Man macht während des Winters Feuer in den Ofen. Die Sonne iſt das größte Licht. Wir trinken das Waſſer der Quellen; das Waſſer der Flüſſe iſt weniger trinkbar; das Waſſer des Mee= res iſt geſalzen und bitter und vermehrt den Durſt; es ſteigt in die Lüfte in[4] Geſtalt von Dunſt und bil= det die Wolken, den Nebel, den Regen, den Schnee und den Hagel. Wenn das Waſſer gefriert, wird es Eis.

¹ nach, sur. ² zur, sur. ³ als, de. ⁴ in, sous.

V.

Der Menſch hat einen Leib und eine Seele. Der

Leib kömmt von der Erde und die Augen können ihn
sehen; er stirbt nach einer gewissen Anzahl von Jah=
ren, und wird was er zuvor war, nämlich Staub.
Die Seele ist ein Geist; sie kömmt von Gott; sie
ist unsichtbar und unsterblich. Der Leib ist das Kleid
der Seele, in welchem sie arbeitet auf dieser Erde
für den Himmel. Die Seele verläßt den Körper,
wie der Schmetterling seine Hülle, nach der Zeit
der Arbeit. Man sagt alsdann: Der Mensch ist
todt, obschon er lebt, aber in der andern Welt,
wo er empfängt Belohnung oder Strafe.

VI.

Das Gras ist eine gute Nahrung für das Vieh.
Man mäht das Gras während des Sommers um
es zu dörren, dann wird es Heu. Der Hafer ist
auch eine Art von Gras; ebenso der Roggen, die
Gerste und der Weitzen. Willst du Weißbrod, nimm
Weitzen; der Roggen und die Gerste geben Schwarz=
brod. Der Bäcker backt das Brod und die Kuchen.
Man macht Bier aus [1] Gerste und Hopfen. Der
Engländer Franz Drake brachte aus Amerika im
Jahre tausend fünfhundert sechs und achtzig die er=

sten Kartoffeln. Der Kaffee ist die Frucht eines Baumes; er ist ungesund und schadet besonders den Kindern. Der Zucker ist der Saft einer Pflanze, genannt Zuckerrohr. Das Zuckerrohr erreicht die Höhe eines Mannes, und kömmt aus Ostindien; der Kaffee kommt aus Arabien. Der Zucker ist sehr süß in dem Munde, aber er wird sehr sauer in dem Magen; er verdirbt die Zähne und macht [2] blaß.

[1] aus, avec. [2] macht, rend.

VII.

Wir haben fünf Sinne, welche sind: das Gesicht, das Gehör, der Geruch, der Geschmack und das Gefühl. Man sieht mit den Augen; man hört mit den Ohren; man riecht mit der Nase; man schmeckt mit der Zunge, und man fühlt besonders mit der Spitze der Finger. Wir essen mit dem Munde, wir verdauen die Nahrungsmittel in dem Magen, und wir athmen durch die Lungen. Alle diese Verrich= tungen sind nothwendig für das Leben des Leibes; aber sie sind nicht der einzige Zweck unseres Daseins. Das Gehirn ist im Kopfe, es empfängt die Ein=

brücke der Sinne und ist das Werkzeug des Ge=
dankens. Der Mensch hat gute und böse Gedanken.
Die guten Gedanken kommen von Gott; die bösen
dagegen kommen vom bösen Geiste.

VIII.

Die Thiere können sich bewegen; sie können gehen
von einem Orte zum [1] andern. Die Pflanzen sind ein=
gewurzelt. Die Bewegung ist folglich der Charak=
ter der Thiere. Die Thiere sind von verschiedener
Größe; aber alle sind kleiner wann sie anfangen zu
leben, denn alle wachsen. Die einen sind so groß,
daß man erstaunt; die andern sind außerordentlich
klein, und man sieht sie nur mit [1] Hilfe eines Ver=
größerungsglases. Man sieht bis hundert Thierlein
in einem Tropfen Wasser. Die Thiere sind entweder
wild oder zahm, entweder nützlich oder schädlich,
entweder angenehm oder unangenehm. Die Hiäne,
der Tiger, der Wolf sind wilde Thiere; die Kuh,
das Schaaf und der Hund sind Hausthiere. Der
Seidenwurm und die Biene sind nützlich; aber die
Heuschrecke und die Maus sind schädlich. Die Nach=

---

[1] zum, à. [2] mit, à.

tigall ist angenehm; das Pferd ist schön; aber die Schlange und die Spinne sind eckelhaft, und die Kröte ist häßlich.

IX.

Weißt du wohl auch, mein Kind, woher es kömmt, daß der Mensch spricht? Einige Gelehrte sagen, die Sprache ist erfunden von den ersten Menschen. Dies ist ein Irrthum. Adam hat gehört wie der Herr zu[1] ihm sprach, und das Wort blieb unter seinen Kindern. Die Ursprache verschwand nach und nach von der Erde, als die Völker sich zerstreuten. Viele Sprachen sind schon ausgestorben, unter andern das Hebräische, das Griechische und das Latein. Wir haben heute mehrere hundert Sprachen, denn jedes Land hat die seinige. Die Sprache ist ein großes Geschenk von Gott; sie gehört dem Menschen allein. Kein Thier spricht. Erlaube nie deiner Zunge auszusprechen einen bösen Gedanken oder ein böses Wort, denn du bist verantwortlich für[2] jedes Wort wie für jede Handlung.

[1] zu ne se traduit pas. [2] für, de.

X.

Die Steine blühen nicht wie die Pflanzen, und gehen nicht von einem Orte zum andern wie die Thiere; aber sie leben dennoch. Sie sind von großem Nutzen für die Menschen. Man baut aus[1] Steinen die Kirchen, die Denkmäler, die Paläste, die Brücken und die großen Häuser. Der Dom von Mailand ist ganz von Marmor. Die Baumeister und die Bild= hauer suchen den Sandstein. Gewisse Steine sind sehr schön und sehr selten, und deßhalb sehr theuer, selbst theuerer als das Gold und das Silber. Man nennt diese Steine Edelsteine. Der Diamant ist ein Stein ohne irgend eine Farbe, aber er ist strahlend wie ein Stern. Der Großmogul oder der Kaiser von Tibet hatte einen Diamant, den größten den man kannte, denn er war von der Größe eines Tau= beneies; er kostete fünfzehn Millionen. Der Rubin ist roth, der Schmaragd grün, der Topas gelb und der Amethyst violett.

[1] aus , en.

XI.

Nicht alle Menschen sind weiß wie du, mein

Kind. Die einen sind schwarz, die andern sind braun wie Zimmt, die andern roth wie Kupfer, die andern gelb wie Zitronen. Man theilt die Menschen nach diesen verschiedenen Farben in fünf Arten, und man sagt: Es gibt fünf Raçen von Menschen. Der größte Theil der Einwohner von Afrika ist schwarz; man nennt sie Mohren. Die Mohren haben anstatt der Haare eine Art von Wolle auf dem Kopfe, welche schwarz ist wie die Farbe ihres Körpers; ihre Zähne sind weiß wie der Schnee; sie gehen beinahe ganz nackt, denn es sind Wilde. Die armen Sklaven unserer Kolonien in Amerika sind Wilde dieser Art; aber sie bleiben doch immer Menschen, obschon man sie behandelt wie Thiere. Die Mongolen, die Chinesen, die Einwohner von Japan und andere Völker von Asien haben die Haut gelb, die Augen ganz klein und das Gesicht breit. Die Hautfarbe der Völker von Australien ist braun; ihre Haare sind lang; sie haben einen großen Mund und eine dicke Nase. Die Haut der Amerikaner ist kupferfarbig.

XII.

Das Jahr hat zwölf Monate oder dreihundert

fünf und sechzig Tage; jeder Tag hat vier und zwanzig Stunden und jede Stunde sechzig Minuten. Die vier Jahrszeiten sind: der Frühling, der Sommer, der Herbst und der Winter. Der Frühling erweckt die Erde aus ihrem langen Schlafe und schüttet Blumen auf die Berge und auf die Fluren. Es macht während des Sommers sehr heiß; dieß ist die Zeit wo man sich badet und wo man ertrinkt. Der Sommer ist auch die Zeit der Ernbte. Der Herbst zeitigt die Früchte aller Art. Sieh dort oben jene grünen Hügel, es sind Reben. Ihre Trauben sind reif und bald beginnt die Weinlese. Der Wein ist eine Arznei; aber er wird Gift für diejenigen, welche ihn trinken wie Wasser. Der Winter ist kalt und trübe; er ist die traurigste Jahreszeit. Das Licht der Sonne scheint erloschen! In der Luft nichts als breite Wolken von Schnee, und auf der Erde überall Eis! Kleide dich warm und gehe in [1] die Kirche, denn die Zeit der Ruhe ist auch die Zeit des Gebetes.

[1] in, à.

XIII.

Viele Dinge in der Welt sind unentbehrlich, zum [1] Beispiele die Nahrungsmittel; andere sind sehr nothwendig, zum Beispiele die Kleider. Die Uhren sind weder das eine noch das andere; aber sie sind dennoch von großer Wichtigkeit und oft sehr hübsch. Man hatte ehemals blos Sonnenuhren, aber sie waren sehr unvollkommen; sie zeigten wohl die Stunden des Tages, so lange die Sonne schien, jedoch die Stunden der Nacht blieben unbekannt. Man erfand später die Sanduhren und die Wasseruhren. Ihre Einrichtung war also: Eine gewisse Menge Sand oder Wasser rann durch ein Gefäß von Glas; die Stunde war verflossen mit dem letzten Tröpflein Wasser oder mit dem letzten Körnlein Sand. Die Zeit der Erfindung der Räderuhren ist unbekannt; man glaubt, daß ein Franzose, der Papst Sylvester der Zweite, sie erfand. Man kennt die Taschenuhren seit dem Jahre tausend fünfhundert; ihr Erfinder ist ein Uhrmacher aus Nürnberg, einer Stadt in[2] Deutschland; er hieß Peter Hele. Die Taschenuhren welche schlagen sind Repetieruhren.

[1] zum, par. [2] in, de.

XIV.

Die Wissenschaft und die Künste sind eine Wohl=

that für die Menschen. Die Wissenschaft entdeckt den Sterblichen die Wahrheit; sie verschafft demjenigen der studiert Kenntnisse. Die Künste sind: die Dichtkunst, die Malerei, die Musik und die Bildhauerei. Schon die Alten betrachteten die Künste wie ein Geschenk des Himmels um die Erde zu veredeln. Der Dichter singt seine Verse; der Maler ergötzt durch seine Farben; der Musiker rührt das Herz durch die sanften Töne seines Instrumentes, und der Meisel des Bildhauers belebt den Marmor. Lamartine, ein Franzose, ist heute der erste Dichter; Cornelius, ein Deutscher, der größte Maler; Rossini, ein Italiäner, der berühmteste Musiker, und der Däne Thorwaldsen ist von allen Bildhauern unsrer Tage der bewunderungswürdigste.

XV.

Die Abgötterei ist die größte Erniedrigung der Menschheit. Die Götzendiener beten Geschöpfe an, zum Beispiel: Thiere, Pflanzen, Steine oder Himmelskörper wie die Sonne, den Mond und die Sterne. Unglückliche Götzendiener! habt ihr denn vergessen daß der Herr gesagt hat : Ich bin der

Schöpfer, ich bin der einzige Gott! Der Mensch ist das erste Geschöpf; er vergißt seine Würde wenn er sich beugt vor einem Wesen unter ihm. Die alten Heiden waren Götzendiener. Die Griechen und die Römer, obschon sehr unterrichtet, glaubten an mehrere Götter. Die Egypter verehrten unter andern das Krokodil und die Zwiebel. Die Perser beten noch heute das Licht und das Feuer an. Jesus Christus brachte das wahre Licht und das wahre Feuer in die Welt, das Licht der Wahrheit und das Feuer der Liebe.

1 an, à.

XVI.

Der Sonntag ist der Tag der Ruhe. Die Arbeit beginnt mit dem Montage. Alle Beschäftigungen sind im Gange am Dienstage. Der Mittwoch bezeichnet die Mitte der Woche. Der Donnerstag ist der Spieltag. Der Freitag und der Samstag sind die beiden letzten Tage der Woche. Der erste Tag des Monats Jenner ist das Neujahr. Die Fastnacht ist im Monate Februar. Der Frühling beginnt mit dem ein und zwanzigsten März. Man feiert gewöhnlich den Charfreitag und die Ostern im Monate April. Pfing=

ſten und der Frohnleichnahmstag ſind im Monate Mai, und Johannistag im Monate Juni. Die Hundstage beginnen im Monate Juli. Maria=Him= melfahrt iſt im Monate Auguſt. Der ein und zwan= zigſte September iſt der Anfang des Herbſtes. Der Monat Oktober iſt die Zeit der Ferien. Der erſte Tag des Novembers iſt das Feſt Allerheiligen. Mit der Weihnacht beginnt die letzte Woche des Dezembers.

XVII.

Dieſes Buch dort auf dem Tiſche iſt ein Geſchenk von meinem Oheime, es iſt ſehr unterhaltend und voll Geiſt. Man erkennt den Verfaſſer auf [1] jedem Blatte, auf jeder Seite, in jeder Zeile, ſogar in jedem Worte. Die Vorrede iſt voll Gefühl; jede Sylbe zeigt den berühmten Schriftſteller. Der Buchdrucker verdient auch unſer Lob, denn das Werk iſt eben ſo gut ge= druckt als geſchrieben. Der Titel iſt prächtig; der An= fangsbuchſtab eines jeden Kapitels iſt immer eine Vi= gnette vom beſten Geſchmacke. Das Papier iſt fein und recht [2] weiß. Der Buchbinder ſoll nun auch thun was er kann; ſage ihm: Meiſter, bleibet nicht zu= rück! Der Einband ſoll ſein einfach aber reich, viel= leicht in Saffian, wenigſtens in Leder; der Schnitt nicht zu [3] bunt und der Rücken nicht zu sehr vergoldet. Lies einstweilen in dem ersten Bande dieses Buches hier; Friedrich liest in jenem dort, und deine kleine Schwester buchstabiert in ihrem ABCbüchlein.

[1] auf, à. [2] recht, bien. [3] zu, trop.

XVIII.

Beinahe jedes Land hat eine andere Tracht. Wir tragen ein Hemd von Leinwand auf dem Leibe, Unterhosen, Hosen und einen Ueberrock von Tuch; die kleinen Knaben tragen eine Jacke oder einen hübschen Kittel. Strümpfe und Schuhe, oder Socken und Stiefel, zuweilen auch Kamaschen mit Knöpfen und Stegen dienen als [1] Fußbekleidung. Die Weste bedeckt unsere Brust, eine Halsbinde unsern Hals, und der Hut oder die Mütze unsern Kopf. Wir haben noch während des schlechten Wetters einen Mantel auf uns, und wir tragen einen Regenschirm wenn es regnet. Wenn du ausgehst, vergiß nie dein Taschentuch, deine Handschuhe, deine Uhr und einiges Geld. Goldene Ketten und Ringe sind schön, aber überflüssig. Man trägt im Hause einen

Schlafrock und Pantoffeln. Die Weiber tragen oft eine Haube, und die Damen, wenn sie ausgehen, einen Schawl, und wenn die Sonne scheint, einen Sonnenschirm und einen Fächer.

¹ als, de.

XIX.

Das Pferd ist ein hübsches Thier; es ist stolz, muthig, und sanft wie ein Lamm. Man findet die besten Pferde in Arabien. Die Kuh gibt Milch, und das Fleisch des Ochsen ist sehr gut. Die Schinken kommen vom Schweine und die Wolle vom Schaafe. Die Ziegen fressen wenig und geben doch viele Milch; sie sind die Kühe der Armen. Die Hühner legen die Eier. Ein junger Hahn ist ein guter Braten, ebenso eine Taube oder eine Ente; ein Kapaun oder ein Fasan ist noch schmackhafter. Die Gänse sind hauptsächlich gesucht wegen ihrer Federn, aber ihr Fleisch ist schwer zu verdauen. Der Hund ist der Gefährte des Menschen; er ist gelehrig und sehr wachsam. Die Katze ist falsch und kratzt die Kinder, aber sie fängt die Mäuse. Der Esel ist dumm und halsstarrig. Alle diese Thiere sind Hausthiere. Man findet unter den

Hausthieren Asiens vor allem das Kameel und den Elephanten.

XX.

Dieser Garten mit seinen schönen Beeten ist ein Theil des Hauses; ebenso der Hof, der Stall dort unten und die Scheune gegenüber. Ich wohne im Erdgeschosse und mein Bruder im [1] ersten Stockwerke. Die Hausflur ist sehr breit und die Stiege sehr hell; sie hat fünf und zwanzig Treppen und ein Geländer von Eisen. Aber der Gang im zweiten Stockwerke ist ein wenig enge. Meine Wohnung besteht in sieben Zimmern und einer Küche. Die Oefen sind alle von Porzellan und jedes Rohr hat einen Schlüssel; aber der Speisesaal hat ein Kamin. Die Fußböden sind eingelegt; schöne Tapeten zieren die Wände, und die Decken sind gemalt. Die Schlösser an den Thüren sind vom ersten Schlosser. Die Spiegel sind von der Höhe eines Mannes und ihr Glas von der Dicke eines Fingers; die Rahmen sind vergoldet. Die Fenster haben acht Scheiben, aber keine Läden. Der Keller ist gewölbt und der Speicher recht luftig. Das Dach ist gedeckt mit [2] Ziegeln und Schie-

fern, und auf³ jeder Seite erhebt sich ein Schorn=
stein.

1 in, au. 2 mit, de. 3 auf, de.

XXI.

Willst du zeichnen, nimm einen Bleistift oder eine
Feder. Willst du malen, nimm Farben, und einen
Pinsel. Die Farben sind schwarz, roth, blau, gelb,
violett, grün, braun, grau, u. s. w. (und so weiter).
Man malt auf Papier, auf Pergament, auf Holz,
auf Glas, auf Porzellan, auf Leinwand, u. s. w.
Der Italiäner Raphael Sanzio ist der größte Maler.
Ein Franzose, genannt Claude von Lothringen,
machte die schönsten Landschaften. Die Flammänder
sind vortreffliche Maler. Apelles, ein Grieche, war
der beste Maler des Alterthumes; er machte Gemäl=
de, welche alle Welt bewunderte. Meine Schwester
ist eine wahre Künstlerin; sie ahmt die Natur nach
wie wenige Meister; ihre Blumen und Früchte sind
von der größten Wahrheit und von einer Frische ohne
gleichen. Der Sohn unsers Nachbaren macht Por=
träte von vieler Aehnlichkeit; aber ich, ich bin ganz
unwissend in dieser Kunst.

XXII.

Der Strauß ist ein Vogel von der Höhe eines Mannes zu Pferde; er ist der größte aller Vögel, aber er kann nicht fliegen, denn er ist zu schwer und seine Flügel sind zu klein. Er hat Beine so dick als die Beine eines Knaben von acht Jahren. Sein Hals ist dreimal so lang als der Hals des Schwanes; aber sein Kopf ist nur ein wenig größer als der Kopf einer Gans. Vielleicht ist dies die Ursache seiner Dummheit. Wenn man ihn verfolgt auf[1] der Jagd, und wenn er sieht, daß er verloren ist, dann steckt er den Kopf in das Gras oder in einen Strauch und schließt die Augen. Er glaubt auf diese Art die Gefahr vorüber, ähnlich jenen Kindern, welche, die Hände vor den Augen, sich einbilden, daß niemand sie sehen werde. Die Farbe der Federn dieses Riesen unter den Vögeln ist schwarz. Seine Eier sind groß wie der Kopf eines Kindes; sechs Kinder machen wohl ihr Mittagessen mit einem solchen Eie. Die schönen Federn auf den Hüten der Damen sind Federn vom Strauße.

[1] auf, à.

XXIII.

Der Soldatenstand ist sehr ehrenvoll; aber der Bauernstand ist nothwendiger, denn die Menschheit könnte leben ohne Krieg, aber nicht ohne Nahrungsmittel. Wir verdanken dem Ackersmanne das Brod das wir essen, dem Winzer den Wein den wir trinken, und dem Gärtner die verschiedenen Gemüse die ihr kennet. Die Trauben gedeihen nicht überall: da wo die Wohlgerüche der Pomeranzen und der Zitronen sich verbreiten, wo der Mandelbaum und der Lorbeer blühen, da ist das wahre Land der Reben. Die Länder des Nordens sind reich an[1] Holz und Eisen. Schweden z. B. liefert den Engländern Tannen und Eichen für den Schiffbau, Eisen für ihre Fabriken und für ihre Eisenbahnen. Die Schweiz ist reich an Weiden; das beste Vieh kömmt von den Bergen und aus den Thälern dieses Landes. Man findet heute die Kartoffeln in allen Gegenden Europas. Wir hätten nichts von allen diesen Dingen ohne den Ackersmann; Ehre also ihm! Betrachtet ihn als die Quelle die euch ernährt. Aber wenn das Vaterland in Gefahr ist; wenn das Schwert des Feindes unsre

1.

Grenzen bedroht, wer entfernt alsdann das Unglück? wer trotzet dem Tode? wer bedeckt sich mit[2] Wunden? wer opfert sein Leben? wer rettet das Land und die Ehre? der Soldat. Dieser Stand ist der gefährlichste; ihm also Ehre vor allen.

[1] an, en. [2] mit, de.

XXIV.

Die Sonne ist der große Mittelpunkt, um welchen herum alle Planeten sich[1] drehen; sie ist sehr entfernt von der Erde, mehr als zwanzig Millionen Meilen. Die Erde ist ein Planet wie Saturn, Jupiter und andere. Es gibt elf Planeten. Sieben davon[2] sind kleiner als unsre Erde, drei davon sind größer; Saturn und Jupiter sind sogar zehnmal größer. Die Sonne ist fünf hundert fünf und sechzig Mal größer als alle Planeten zusammen. Der Mond ist ein Trabant der Erde; er ist fünfzig Mal kleiner als sie. Der Planet genannt Saturn hat sieben Trabanten oder Monde; seine Nächte sind folglich prächtiger als die unsern. Ein Kind von einem Jahre im Saturn sah den Sonnenaufgang so oft als ein Bewohner der Erde in sieben und fünfzig Jahren. Denn ein Tag auf jenem Himmelskörper dauert nicht mehr als elf Stunden; aber ein Jahr dieses Planeten dauert neun und zwanzig der unsern. Es ist jedoch nicht sicher und gewiß, ob[3] alle Planeten bewohnt sind.

[1] sich, ne se traduit pas. [2] davon, en. [3] ob, que.

XXV.

Die Vögel sind von einem großen Nutzen für die Menschen, nicht allein wegen ihres Fleisches, ihrer Federn und ihrer Eier, sondern auch hauptsächlich wegen ihrer Art sich zu ernähren. Die Geier in den Ländern von Asien und Afrika fressen das Aas, wie die Raben es machen bei uns in Europa. Sie entfernen so die Folgen der Verwesung, welche oft schrecklich sind; denn alle Körper, einmal abgestorben, zersetzen sich und vergiften die Luft, woher die Pest und andere Krankheiten. Der Storch und der Ibis tödten die Frösche, die Eidechsen und die Schlangen; und der Habicht frißt die Mäuse. Die Insekte, die Raupen und die Würmer, so schädlich den Bäumen und Feldern, werden die Beute der kleinen Vögel. Die großen Herren bedienten sich ehemals der Falken auf der Jagd. Der Flaum, so warm

und so zart und deßhalb so theuer, ist nichts an=
deres als die Federn der Eidergans. Die Einwohner
der Inseln von Norwegen bedienen sich eines Vo=
gels, genannt Petrel, welcher übermäßig fett ist,
anstatt einer[1] Lampe; man zieht einen Dacht durch
seinen Leib, den man anzündet und welcher brennt
wie ein Licht.

[1] einer, ne se traduit pas.

XXVI.

Der Haß ist von allen Leidenschaften die gefähr=
lichste, und die schrecklichste der Plagen ist der Krieg;
der Haß erzeugt den Krieg. Das Handwerk des
Krieges ist ohne Widerrede das blutigste. Der Krieg
ist heute nöthig und sogar zuweilen gerecht. Die
Kriege hatten unglücklicherweise immer die Eroberung
zum[1] Zwecke. Die großen Eroberer waren stets große
Feldherren; nicht alle waren große Männer. Cyrus,
der König der Perser, war ein wilder Soldat.
Alexander der Große war voll Geist, aber auch voll
Ehrgeiz und Eitelkeit. Die Ruhmbegierde Hannibals
veranlaßte den Untergang seines Vaterlandes, jener
mächtigen und reichen Republik von Karthago. Cä=

far, jener berühmte Römer, war der Mörder der
Freiheit der alten Welt. Attila überschwemmte Europa mit[2] seinen Horden, aber er war, wie diese, ein
Barbar und ebenso grausam als verächtlich. Mahomed war ein großer Betrüger, aber er war noch ein
größerer Tyrann. Karl der Große verdient allein den
Namen den die Geschichte ihm gab; denn er lieh
seinen Arm der Lehre des Evangeliums und verbreitete das Christenthum, die Quelle unsers Glückes
und unsrer Bildung. Das Urtheil über den Helden
des neunzehnten Jahrhunderts gehört der Nachwelt.
Wer ist denn dieser Held? der Kaiser Napoleon.

[1] zum, pour. [2] mit, de.

XXVII.

Babylon war eine der ältesten und der größten
Städte der Welt. Diese Stadt ist bekannt wegen[1]
ihres merkwürdigen Thurmes. Die Mauern dieser
Hauptstadt waren ein Wunderwerk; sie hatten fünf
und zwanzig Stunden im Umfange[2], und ihre Höhe
war dreihundert Fuß; sie waren sehr breit, mehrere
Wagen hatten Platz neben einander. Ein zweites
Wunderwerk der Welt ist die große Pyramide in

Egypten. Dieses Denkmal der alten Zeit ist unten ungeheuer breit und oben ganz spitz; es gleicht einem Dreiecke, und ist höher als der Dom zu Straßburg. Man sagt, daß hundert tausend Menschen daran arbeiteten während zwanzig Jahre. Die Pyramiden waren die Gräber der Könige von Egypten. Ein drittes Wunderwerk war der Koloß von Rhodus. Dieser Koloß war eine Bildsäule aus[3] Erz und stellte einen Mann von einer ungeheuern Größe vor. Seine beiden Beine ruhten auf zwei Felsen vor dem Eingange des Hafens der Stadt Rhodus; der größte Mann war kleiner als sein kleiner Finger.

[1] wegen, par. [2] im Umfange, de tour. [3] aus, en.

XXVIII.

Die häßlichsten Thiere sind die Schlangen und die Kröten. Die Riesenschlange ist von der Dicke eines starken Baumastes und beinahe so lang als ein Wallfisch; sie erwürgt den Löwen, diesen König der Wälder, in ihren Kämpfen mit ihm; sie verschlingt ein großes Kalb und sehr oft den friedlichen Wanderer. Das Krokodil ist die größte und fürchterlichste Eidechse; es ist ganz bedeckt mit[1] Schuppen, welche

eine Flintenkugel nicht durchbohren kann. Dieses Un=
geheuer hat zwölf Fuß in der Länge[2]; es erwürgt
und frißt Menschen; es wohnt in dem Schilfe des
Nils: dies ist der Name des einzigen Flusses in Egyp=
ten. Das Krokodil ist das einzige Thier von welchem
man weiß, daß es weint; und in der That es vergießt
Thränen bevor es mordet. Viele Menschen gleichen
diesem Thiere; man nennt sie Heuchler, und ihre
Thränen sind Zähren wie diejenigen des Krokodils.
Siehst' du diese Kröte, schwarz und widrig; sie ist
größer wie jener Frosch dort unten im Grase. Man
findet in Afrika Kröten von der Größe eines Tellers.
Von der Schildkröte kommt das Schildkrot: man
nennt also die Schachtel in welcher dieses Thier ein=
geschlossen ist. Es gibt in Amerika Schildkröten groß
wie ein Tisch).

[1] mit, de. [2] in der Länge, de long.

XXIX.

Das Gedächtniß ist ein Geschenk des Himmels
und unentbehrlich dem Menschen. Uebe immer dieses
Vermögen deines Geistes, welches dich hindert zu
vergessen was du gelernt oder gehört hast. Das beste

Mittel das Gedächtniß zu stärken ist auswendig zu lernen. Es gab Menschen von einem erstaunlichen Gedächtnisse. Ein König von Pontus, Namens Mithridat, wußte alle Sprachen seiner Zeit. Der Kaiser Hadrian wußte die Namen aller seiner Soldaten, und seine Armee war nicht klein. Ein bekannter Gelehrter, Joseph Scaliger, lernte in vier Monaten alle Dichter Griechenlands auswendig. Ein gewisser Schauspieler in England las nicht mehr als einmal ein Buch und wußte es alsdann von einem Ende zum andern auswendig. Ich kenne einen Bauern, dieser weiß das alte und das neue Testament auswendig; er behält zu gleicher Zeit eine Predigt von Anfang bis zu Ende. Ein gutes Gedächtniß ist sehr schätzbar.

XXX.

Das größte Thier des Meeres ist der Wallfisch. Er schwimmt so schnell als ein Vogel fliegt. Man fieng ehemals Wallfische von zweihundert Fuß und von einem Gewichte von dreitausend Zentnern. Dieses Thier hat heute kaum die Länge von sechzig Fuß und wiegt sehr selten noch zweitausend Zentner. Der

Elephant ist der Riese unter den Thieren, welche vier
Füße haben; er erreicht eine Höhe von fünfzehn Fuß:
dies ist mehr als zweimal die Höhe eines sehr großen
Regimentstambours; er wiegt oft hundert Zentner.
Er hat zwei ungeheure Zähne, einen auf[1] jeder Seite;
sie sind gekrümmt, sehr schwer, und geben das Elfen=
bein. Der Rüssel dieses großen Thieres ist ein Mei=
sterstück der Schöpfung; er ersetzt ihm die Hände,
deren der Mensch sich bedient. Man errichtete ehe=
mals auf dem Rücken der Elephanten kleine Thürme
von Holz für zehn bis[2] fünfzehn Soldaten. Sie
waren dann schreckliche Feinde im Treffen. Der Ele=
phant hat viel Gedächtniß; er versteht die Sprache
der Menschen besser als alle die andern Thiere. Er
liebt vor allem den Branntwein.

[1] auf, de. [2] bis, à.

XXXI.

Einige Berge speien Feuer; man nennt sie Vulkane.
Die bekanntesten unter den Vulkanen in Europa sind:
der Berg Aetna in Sizilien; der Vesuv, fünf Stun=
den von Neapel, in Italien; und der Hekla, der
größte Berg der Insel Island. Das Jahr neun und

siebzig nach der Geburt unsres Herrn Jesu Christi
war frecht unglücklich für die Bewohner des Landes
am Fuße des Vesuvs; denn der Ausbruch dieses
Vulkanes war damals fürchterlich. Unter andern
verschwanden zwei Städte, Herkulanum und Pom=
peji, von der Oberfläche der Erde. Der fürchterlichste
Ausbruch des Berges Hekla war im Jahre tausend
sieben hundert sechs und sechzig. Während der Nacht
dieses traurigen Ereignisses begann ein anhaltendes
Erdbeben; der Donner brüllte und der Sturm heulte
in den Lüften, und der Schlund des Vulkanes spie
Sand, Feuer, Asche, ungeheure Steine und Wasser.
Der Sand und die Asche bedeckten den Boden auf[1]
dreißig Stunden um den Berg herum; die Hälfte
der Insel war eingehüllt in[2] Finsterniß bis zwei Uhr
des Nachmittags.

[1] auf, à. [2] in, de.

XXXII.

Pecking, die Hauptstadt von China, ist die größte
Stadt welche man kennt; sie ist sehr bevölkert, denn
sie hat wenigstens zwei Millionen Einwohner; sie ist
zugleich die Residenz des Kaisers. Die Chinesen ha=

ben sehr kleine Augen; ihr Kopf ist rasiert, und sie tragen einen kleinen Zopf. Die Farbe ihrer Haut ist gelb, wie die Farbe der Zitronen. Die Füße der Weiber sind nicht größer als die Füße eines kleinen Kindes, weil sie sie einschnüren. Die Nägel der Reichen haben oft die Hälfte der Länge der Finger; diese Sitte ist abgeschmackt und unbequem: denn solche Nägel an den Fingern verhindern zu arbeiten. Der Charakter der Chinesen ist hochmüthig und krie= chend; die weniger Reichen sind sehr thätig. Alle Eingeborne dieses Landes sind die Sklaven einer plumpen Höflichkeit und die Freunde von Zeremo= nien, eben so lächerlich als kleinlich. Die Leute mit[1] dicken Bäuchen sind die Menschen von Verdienst in diesem Lande. Die Wörter ihrer Sprache sind ein= sylbig, und ihr Alphabet besteht aus achtzig tausend Buchstaben. Das Land ist sehr bevölkert, selbst die Schiffe an[2] den Ufern der Flüsse sind bewohnt. Die Nahrung der Chinesen ist hauptsächlich Reis und Thee.

[1] mit, à. [2] an, sur.

XXXIII.

Nichts ist schöner als die Blumen; sie sind die

Zierde der Gärten, der Fluren und der Wälder. Sie wachsen auf den Gipfeln der Berge und in den Tiefen der Thäler, sogar in dem Sande der Wüste und inmitten der Wasser der Teiche, der See und der Meere. Ihre Farben sind herrlich und ihr Wohlgeruch hat nichts was ihm gleicht. Die Rose ist das Bild der Schönheit und der Jugend; ihre Blätter sind frisch und roth, und ihre Knospen, halb erschlossen, gleichen einem Kinde welches schläft in seiner Wiege. Die Lilie ist viel weißer als der Schnee; sie ist rein und ohne Flecken, wie die Unschuld und wie das gute Gewissen der Menschen. Aber nichts ist einfacher als das Veilchen; sein Wohlgeruch ist erquickend für das Herz; es ist versteckt unter den Hecken vor[1] den Blicken der Menschen. So handelt die Bescheidenheit; sie thut das Gute und will nicht daß man es wisse.

[1] vor, au.

XXXIV.

Der Löwe ist der König der Thiere; er ist voll Kraft und Majestät; seine Farbe ist röthlicht. Kein Thier hat eine Mähne so groß wie er. Seine Augen funkeln wie Feuer; sein Schweif ist lang und fürchterlich, und wenn er anfängt zu brüllen, zittern der

Wald, die Thiere und der Mensch vor allem. Er ist von der Größe einer kleinen Kuh und selbst stärker als der Elephant. Der Tiger hat die Haut gefleckt; er ist nicht so groß als der Löwe, aber wilder und gefräßiger. Beide sind eine Art Katze. Die Hiäne ist kaum so groß als ein Schwein; aber sie ist von allen Thieren das blutdürstigste; sie ist beständig in Wuth, und zerreißt alles was lebt und athmet, die Menschen wie die Thiere. Der Wolf ist von der Größe eines Hundes; er heult wie dieser. Er verläßt während des Winters die Wälder, und kömmt bis vor die Thore der Städte; er schleicht sich sogar bis in die Häuser der Dörfer um die Menschen anzufallen. Die Hiäne und der Wolf dringen oft in die Kirchhöfe, und graben die Leichen aus, um sie zu fressen.

XXXV.

Saget mir, wer hat Amerika entdeckt? Ein Genueser, Namens Christoph Kolumbus, ein berühmter Seemann. Er reiste von einem Lande zum andern und sprach überall mit Gewißheit von einer neuen Welt. Gebet mir einige Schiffe und einige Soldaten, sagte er den Königen, und ich gebe euch ein Land zehnmal größer als das eurige. Die Fürsten und die Höflinge lachten und sagten: Dieser Mann ist ein Narr! Dies dauerte mehr als[1] zehn Jahre. Er erhielt endlich im Jahre tausend vier hundert zwei und neunzig von der Königin Isabella von Spanien drei kleine Schiffe und neunzig Mann; er machte endlich, nach vielen Gefahren und Widerwärtigkeiten, die große Entdeckung des vierten Welttheiles. Aber Spanien war sehr undankbar gegen diesen großen Mann. Seine Belohnung, wer sollte es glauben, war, anstatt Ehren, Ketten. Er starb verläumdet, verfolgt und arm. Er sagte in seinem Testamente: Begrabet mich und meine Ketten in die Erde, welche ich entdeckt habe, damit diese neue Welt lerne besser zu belohnen als die alte; damit Europa vergesse wie es handelte gegen einen Wohlthäter der Menschheit.

[1] als, de.

XXXVI.

Paris ist die erste Stadt der Welt; sie hat beinahe eine Million Einwohner. Der Fluß, der sie durchzieht, heißt die Seine. Ihr findet in dieser schönen Hauptstadt alles was sich auszeichnet durch seinen

Geschmack, durch seinen Geist, durch seine Annehm=
lichkeiten und durch seinen Namen. Alles in dieser
Stadt ist schön, angenehm, bequem und ausgesucht;
seine Einwohner sind außerordentlich höflich. Paris
ist der Mittelpunkt der Vereinigung aller Berühmt=
heiten unserer Tage: die ersten Schriftsteller, die
ersten Gelehrten, die ersten Staatsmänner bewohnen
diese Stadt. Die Schauspielhäuser, die Bibliotheken
und die Kunstausstellungen in Paris sind einzig in
der Welt. London hat wohl eine halbe Million Ein=
wohner mehr als Paris; aber diese Hauptstadt Eng=
lands, an[1] den Ufern der Themse, ist wie ein großes
Waarenlager, wo man auspackt und einpackt, wo
man kauft und verkauft; die Luft daselbst ist feucht,
der Himmel traurig und das Leben einförmig. Paris
dagegen hat jeden Tag ein anderes Außsehen.

[1] an, sur.

XXXVII.

Das Glück zu beten war immer ein Bedürfniß
für die Menschen. Unsere Kirchen sind die Freistätte
des Gebetes, wo die guten Seelen sich niederwerfen
vor dem, der ist und den alle Zungen segnen. Die

Tempel der Heiden hatten den nämlichen Zweck. Die Tempel und Kirchen waren und sind immer die prachtvollsten Gebäude, und sie sollen es sein, denn Gott ist der Schöpfer und Herr des Weltalls; was ihr ihm widmet soll groß sein wie Er. Der Tempel zu Memphis, der Tempel des Baal zu Babylon, der Tempel auf der Insel Elephanta in Ostindien, und endlich der Tempel der Diana zu Ephesus waren die berühmtesten Gebäude des Alterthumes. Der Tempel des Salomo zu Jerusalem war der reichste von allen und zu gleicher Zeit der merkwürdigste, denn er war der einzige, wo man den wahren Gott anbetete. Die größte und schönste Kirche der Christenheit ist der Dom des heiligen Petrus zu Rom.

XXXVIII.

Das Bedürfniß zu essen und zu trinken, die Nothwendigkeit sich zu kleiden, die Liebe zum [1] Vergnügen und zur Pracht, dies sind die Beweggründe des Handels. Der erste Handel war blos ein Tausch; der Jäger vertauschte sein Wildpret gegen die Früchte des Ackersmannes. Die Phönizier vertauschten so ihr Leder und ihren Purpur gegen das Zinn

der Engländer, und die Spanier gaben den Ameri=
kanern Spiegel, Pferde und Flinten für Gold. Aber
dieser Tausch hatte seine Unannehmlichkeiten, man
erfand das Geld. Das Geld ist seit sehr langer Zeit
in Gebrauch. Man bezahlte anfangs die Waaren mit
Silberbarren, welche man abwog. Abraham kaufte
schon zweitausend Jahre vor Jesus Christus einen
Acker von einem Könige, genannt Ephron, um sechs
Pfund Silber, das er abwog auf einer Wage. Die
Münzen waren anfangs von Kupfer, später von Sil=
ber, und noch später von Gold. Die ältesten Münzen
trugen das Gepräge gewisser Thiere, z. B. eines
Ochsen, einer Schildkröte, eines Lammes, u. s. w.
Die Münzen von Darius, König von Persien, waren
die ersten, auf welchen man das Bildniß eines Für=
sten sah.

[1] zum, de.

XXXIX.

Moses war ein Auserwählter des Herrn und der
Prophet der Propheten. Kein Sterblicher wurde je
sichtbarlicher geleitet von[1] der Hand Gottes, als
dieser heilige Mann; kein Sterblicher hat je gearbeitet
im Dienste des Allmächtigen und für das Wohl der

Völker wie dieser Hohepriester des alten Bundes. Die Kinder Adams hatten beinahe alle vergessen was Gott verlangt von den Menschen, sie liebten das Böse und ihre Religion war ein abscheulicher Götzendienst. Moses beweinte die Sünden und die Blindheit seiner Brüder, er betete für sie, und der Herr vergab einem Volke wegen eines einzigen Gerechten. Und in der That alle jene Völker des Alterthumes sind[2] verschwunden von der Erbe und die Pracht ihrer Städte ist zerfallen in Trümmern; aber das Volk von Israel lebt noch heute, denn der Herr wollte es erhalten wegen Moses. Moses ist der Gesetzgeber der Welt; er empfieng das Gesetz von Gott auf dem Berge Sinai: er war der Vorläufer Jesu Christi.

[1] von, par. [2] sind, ont.

XL.

Kein Thier ist thätiger als die Biene; sie fliegt von einer Blume zur[1] andern, aber nicht wie der Schmetterling; denn dieser will blos genießen und sich ergötzen, während daß die Biene sich beschäftigt und arbeitet. Die Biene bereitet den Honig, und ist also

sehr nützlich. Der Schmetterling, obschon viel schö=
ner als die Biene, thut nichts für die Welt; er legt
tausende von Eiern, es ist wahr, aber eben diese Eier
sind ein Uebel, denn sie geben die Raupen. Eine
einzige Raupe ist nützlich; wir nennen sie Seiden=
wurm. Wer sollte es glauben, alle diese herrlichen
Stoffe von Seide wären nicht ohne eine unansehn=
liche Raupe! Die Ameisen sind viel kleiner als die
Bienen, und nicht so nützlich, aber doch immer recht
arbeitsam. Der Weihrauch kömmt von den Ameisen.

¹ jur, à.

XLI.

Der Erfinder der Buchstaben ist nicht bekannt; er
lebte wahrscheinlich erst nach der Sündfluth. Alle
Völker haben nicht die nämlichen Zeichen, deren wir
uns bedienen um zu schreiben. Die Buchstaben der
Indier, der Araber, der Chinesen, der Juden, der
Griechen und der Römer sind verschieden. Das Pa=
pier auf welches man schreibt und druckt empfieng
seinen Namen von einer Staude Egyptens, genannt
Papyrus; denn man schrieb in den alten Zeiten auf
Blätter, welche man bereitete aus den Wurzeln dieser

Staube. Wir machen heute unser Papier aus Lum=
pen. Man schrieb ehemals die Bücher ab; sie kamen
sehr theuer und waren dennoch sehr selten. Aber Jo=
hannes Guttenberg, ein Deutscher, erfand zu Straß=
burg die Kunst Bücher zu drucken. Er druckte mit
Fust und Schöffer, im Jahre vierzehn hundert sieben
und fünfzig, in Mainz, seiner Geburtsstadt, das
erste Buch. Diese Kunst ist von großem Vortheile
für die Wissenschaft und von großem Nutzen für die
Welt.

XLII.

Konstantinopel ist unter den großen Städten von
Europa die dritte, sie kömmt unmittelbar nach Lon=
don und Paris. Diese schöne Hauptstadt der Türkei
hat mehr als eine halbe Million Einwohner und ist
sehr gut gelegen für den Handel, denn sie säumet
die Ufer des Meeres. Ihr Himmel ist heiter und der
Boden ihrer Umgegend ist fruchtbar, aber ihre Stra=
ßen sind enge und sind nicht gepflästert. Sie hat
bis fünf hundert Kirchen oder Moskeen, nach der
Sprache des Landes. Die prächtigste dieser Moskeen
ist ein alter Dom aus der Zeit des Kaisers Justinian,
und erbaut fünfhundert Jahre nach der Geburt Jesu

Christi, zu Ehren der heiligen Sophia. Diese Stadt hat fünfzehn Vorstädte und acht und zwanzig Thore. Ihre Mauern sind sehr merkwürdig; sie haben fünfhundert acht und vierzig Thürme. Das Serail ist das Schloß des Kaisers und heißt auch die hohe Pforte. Die Vorstadt Pera ist der Wohnsitz der Gesandten und der reichen Kaufleute, überhaupt der Christen. Die Türken hassen und verfolgen die Christen.

XLIII.

Die Musik ist vielleicht von allen Künsten die angenehmste. Sie belebt das Herz, stärkt die Nerven und erhebt die Seele. Der Mensch vergißt seine Leiden; er vergißt selbst die Erde, wenn die Töne einer schönen Musik erklingen. Kennt ihr etwas erhabeneres als die Stimme der Orgel in einer großen Kirche? Wenn ein Regiment vorüberzieht mit seiner Musik, welche Freude für die Kleinen und für die Großen! Die schönste Musik ist der Gesang mehrerer Stimmen ohne Begleitung von Instrumenten. Das Klavier ist eines der vollkommensten Instrumente, aber der Ton der Geige ist reiner und hat mehr Leben. Der Ton der Flöte ist sehr zart; sie ist das Instru-

ment der Hirten. Das Horn ist kräftig und schwer=
müthig, wie der Wiederhall der Berge; es ist das
Instrument der Jäger. Der Schall der Trommeln
und der Trompeten vermehrt den Lärm des Schlacht=
feldes.

XLIV.

Die zwei größten Dichter des Alterthumes sind
David und Homer. Beide waren Zeitgenossen, das
heißt, sie lebten zu der nämlichen Zeit, ohngefähr
zweitausend Jahre vor Jesu Christo. David war in
seiner Jugend ein Hirte; er wurde später ein Auser=
wählter des Herrn und König von Juda. Er spielte
sehr gut die Harfe und seine Stimme war voll Zau=
ber. Man nennt seine Gedichte die Psalmen; sie sin=
gen das Lob des einzigen und wahren Gottes. Ho=
mer war blind und lebte in Griechenland, aber seine
Geburtsstadt ist unbekannt. Seine Werke sind die
Ilias und die Odyssee. Dieser große Dichter wußte
nichts vom wahren Gott, denn er war unglücklicher
Weise ein Heide. Seine Götter essen und trinken,
streiten sich und weinen wie die Sterblichen. Die Psal=
men sind wie der Aufgang der Sonne, einfach aber

prachtvoll, sie verkünden wie die Morgenröthe den
großen Namen des Herrn.

¹ zu, dans.

XLV.

Kennt ihr einen gewissen Dawalagiri, und wisset
ihr was dieser Name bedeutet? Der Dawalagiri ist
unter allen Geschöpfen der Welt das größte; er ist
wenigstens fünfhundert Mal größer als ein Wallfisch,
obschon er nichts ißt. Er ist der größte Fürst, obgleich
nicht ein einziger Bauer ihn grüßt. Kein Wesen trägt
den Kopf so hoch als er, und keines ist geduldiger als
er; denn die ganze Welt kann ungestraft ihn beleidi=
gen. Er liebt sehr die Sonne und die schöne Natur;
auch lebt er unter keinem Dache und ohne Kleider.
Es macht sehr heiß in seiner Heimath, er trägt eine
Haube von Schnee auf dem Kopfe um sich zu schützen
vor den¹ Strahlen der Sonne. Dieser Dawalagiri ist
nichts anderes als der höchste unter den Bergen der
Erde. Er liegt in Ostindien, dem schönsten Lande von
Asien.

¹ vor den, des.

XLVI.

Nichts ist glänzender als das Gold, nichts ist reiner als eine Perle; das Eisen dagegen ist schwarz und ohne Anschein. Aber das Eisen ist doch nützlicher und nothwendiger als das Gold und die Perlen, denn man kann weder ackern noch bauen ohne dieses Metall. Das Pferd ist stolz und seine Haltung ist bewunderungswürdig, der Löwe ist stark und voll Majestät; das Schaaf ist klein und furchtsam. Aber das Schaaf ist nützlicher als der Löwe und das Pferd, denn seine Wolle verschafft den Menschen den größten Theil ihrer Kleidungsstücke.

Der Wuchs der Ceder ist herrlich; der Schatten des Palmbaumes ist süß; der Wohlgeruch der Rose von Damaskus ist berauschend; die Früchte unsrer Felder sind einfach, bescheiden und ohne Ansprüche. Aber dieselben Früchte, so einfach und so wenig beachtet, sind nothwendiger als alle andern Pflanzen der Erde, denn ohne sie gäbe es kein [1] Brod. Beurtheilet nie die Dinge nach ihrem Scheine, sondern nach ihrem Werthe.

[1] kein, pas.

XLVII.

Diese Nacht ist hell und warm. Sterne ohne Zahl funkeln am Himmel, ein sanfter Zephyr pflückt die Blüthen von den Bäumen und trägt ihren Wohlgeruch auf seinen Fittigen durch die Lüfte. Die Strahlen des Mondes fallen wie Blicke aus einer andern Welt auf die Berge und auf die Flur. Auf jedem Grashalme wiegt sich eine Perle Thaues, wie Freudethränen in den Augen einer Mutter. Welche Stille! Man hört nichts als das Rauschen des Baches in der Ferne. Die Natur wagt kaum zu athmen. Man hört die Bewegungen des Wurmes in der Erde. Horch! welcher melodische Gesang! — das ist eine Nachtigall! Diese Töne, zart und klagend, gleichen den Seufzern eines Kindes, das seine Mutter verloren hat. Weine nicht, Nachtigall! Nach dem Schmerze kömmt die Freude, wie der Tag kömmt nach dieser Nacht.

XLVIII.

Wie nennt ihr jenes Gebäude, welches sich schaukelt dort unten auf den Wellen des Meeres, und wel-

ches jetzt einläuft in den Hafen? Es ist ein Kriegs=
schiff. Seine Höhe ist diejenige eines großen Hauses,
aber es ist viel länger. Man sieht vorn sehr hübsche
Fenster und einen Altan, und längs der beiden Sei=
ten mehr als hundert Oeffnungen. Diese Oeffnungen
sind die Löcher, durch welche man die Mündungen
der Kanonen erblickt. Drei Maste erheben sich in der
Mitte wie ungeheure Bäume, an welchen auf und
absteigt Tackelwerk ohne Ende. Aber wisset, die Maste
und das Tackelwerk sind blos da wegen der Segel.
Die Segel sind weiß und sehr groß; sie sind die Flü=
gel des Schiffes, und gleichen von Ferne kleinen
Wolken die das Schiff krönen. Ein solches Schiff
hat gewöhnlich einen Kapitän, einen Steuermann,
mehr als sechzig Matrosen und bis dreihundert Sol=
daten, ohne die Passagiere; dann Wohnungen für
alle diese Leute, Ställe für Ziegen und Pferde, und
vor allem Platz für Waaren und Lebensmittel.

XLIX.

Jedes Thier hat etwas in seiner Natur, was ihm
eigen ist: man nennt dies den Charakter des Thieres.
Der Löwe ist stark, die Stärke also ist der Charakter

des Löwen. Die Biene lebt bloß um zu arbeiten, ihr Charakter ist der Fleiß. Man sagt darum : Sei stark wie der Löwe, sei fleißig wie die Biene u. s. w. Der Hahn ist wachsam, denn er kräht schon lange vor Anbruch des Tages. Kein Thier sieht besser als der Luchs, und keines ist schlauer als der Fuchs. Die Katze ist falsch, der Hund ist sehr getreu. Die Taube ist unschuldig und der Tiger grausam. Der Esel ist dumm, der Pfau hoffärtig, die Ameise geschäftig, der Bär plump und der Affe ahmt nach, auch sagt man n a c h ä f f e n. Diese Eigenschaften machen den Charakter der genannten Thiere. Das Kameleon wechselt beständig seine Farben an der Sonne. Es gibt Leute ohne Grundsätze und Charakter, sie haben jeden Augenblick eine andere Meinung, diese gleichen dem Kameleon, oder den Wetterfahnen, die ein Spiel des Windes sind.

L.

Alle Körper in der Natur sind entweder fest oder flüssig. Die festen Körper sind bald hart bald weich; sie sind um so schwerer je härter sie sind, sie sind dagegen um so leichter je weicher sie sind. Die Platina

ist das schwerste von allen Metallen, so wie der Dia=
mant von allen Steinen der härteste ist. Wenn man
das Gewicht eines Körpers kennen lernen will, so
wiegt man ihn. Das größte Gewicht ist der Zentner;
hundert Pfund machen einen Zentner, und zwei und
dreißig Loth machen ein Pfund. Die Größe aber oder
die Höhe eines Gegenstandes wird mit dem Längen=
maße ausgemessen, welches der Fuß ist. Der Fuß be=
steht aus zwölf Zoll. Das Tuch und die Leinwand
mißt man nach[1] der Elle; das Feld wird nach[1] der
Ruthe gemessen. Die flüssigen Körper sind mehr oder
weniger dicht wie der Wein, das Wasser, die Milch,
das Oel; das Maß für diese Flüssigkeiten ist
in Deutschland der Schoppen, in Frankreich der
Litre. Die Luft ist sehr schwer zu messen, noch
mehr ist dies mit dem Lichte der Fall; darum auch
nennt man dieses letztere in der Naturlehre einen un=
wägbaren Stoff. Man mißt mittelst des Barome=
ters den Druck der Luft, und mit Hilfe des Ther=
mometers ihre Wärme.

[1] nach, à.

LI.

Es gibt unter den Thieren mit[1] kaltem Blute,
ebenso unter denjenigen mit warmem Blute, einige,

welche während des Winters in einem Zustande von Erstarrung sind; dieser Zustand hat viele Aehnlichkeit mit dem tiefsten Schlafe. Man nennt diese Thiere Winterschläfer. Die Winterschläfer sind hauptsäch=lich solche Thiere, welche in der Erde leben, oder solche welche so viel möglich das Licht fliehen. Wenn der Herbst herannaht, sieht man sie Moos, grüne Blät=ter und Gras suchen und alles dies in Löcher tragen, welche sich in den Mauern, in den Bäumen oder in der Erde befinden, um sich auf² diese Art ein Lager zu bereiten für die Zeit wo sie halb todt sein werden. Wenn endlich die kalte Witterung kömmt, dann zie=hen sie sich in ihre Wohnungen zurück und fangen an zu schlafen um nur mit dem sanften Hauch des Früh=linges wieder zu erwachen. Die Schwalbe wählt sich den hohlen Stamm eines alten Baumes, die Fleder=maus verbirgt sich in die Spalte eines Felsen, mit den Hinterfüßen beinahe angeklebt, wie man sie oft in abge=legenen Steinbrüchen findet; die Schlange und die Ei=dechse verkriechen sich in verfallene Mauern, der Igel und der Hamster verstecken sich in den Feldern und un=ter Hecken. Auf diese Weise schläft der Dachs wäh=rend fünf Monaten in seinem Baue und lebt, wie man sagt, von seinem Schmalze; auf diese Weise verthei=

digt sich das Murmelthier in der Schweiz und in
Savoyen gegen die Kälte der Gletscher. Und warum
thun diese Thiere das? Weil ihre zarte Körperbeschaf=
fenheit die Kälte nicht ertragen könnte und weil sie
sonst sterben würden, deßhalb bemerkt man auch an kei=
nem Thiere der heißen Länder diese Naturerscheinung.

1 mit, à. 2 auf, de.

LII.

Wenn man die große Anzahl von Blumen bewun=
dert, welche unsre Gärten zieren; wenn man die
Wohlgerüche der grünen Saaten einathmet, welche
die Felder im Frühlinge aushauchen; wenn man endlich die verschiedenen Arten von Obst sieht, welche
die Leute vom Lande während des Sommers auf
unsre Märkte bringen, so muß man erstaunen über,
den Reichthum und die Fruchtbarkeit der Erde. Aber
wenn man weiß, daß jedes Land seine eigenthümlichen
Erzeugnisse hat, und daß die meisten dieser Blumen,
dieser Früchte und Kräuter aus fremden Gegenden
zu uns gekommen sind, dann fragt man sich: woher
kömmt denn das Alles, was um uns her blüht und
wächst? Die Mandeln mit ihren durchlöcherten

Schalen kommen aus dem Norden von Afrika; die Spargeln, wovon man nur die Köpfe ißt, aus Asien, und woher der Kaffee kommen soll, das wisset ihr schon. Die Kirschen, diese süßen Erstlinge des Jahres, kamen uns von den Römern und diese hatten sie aus Pontus nach Italien verpflanzt. Die Kastanien stammen aus einer alten Stadt in Kleinasien, genannt Castanea, woher sie ihren Namen haben. Das Rothkraut ist eine egyptische Pflanze, ebenso die Zwiebel. Die Heimath des Kirbisses soll die Stadt Astrachan im asiatischen Rußland sein; die Gurke dagegen soll aus Spanien kommen. Die Bohne, welche Pythagoras der Weise zu essen verboten hatte, kömmt uns aus Indien; und der Pfirsich mit seinen rothen Blüthen aus Persien. Syrien gab uns die Pflaumen und China gibt uns noch heute den Thee, für welchen wir ihm jährlich so viele Millionen bezahlen. Man sagt, daß die weißen Rüben, die Linsen, die gelben Rüben und die Birnen französische Erzeugnisse sind.

1 über, de.

LIII.

Wenn auf der einen Seite uns der Ackersmann die

unentbehrlichen Lebensmittel verschafft, wenn auf
der andern Seite die Künste uns dieses Leben ver=
schönern, so sollen wir nicht undankbar gegen den
Handel und die Gewerbe sein, denn sie sind für
das gesellschaftliche Leben von unberechenbarem Nu=
tzen. Wie würden wir wohnen, wenn der Zimmer=
mann nicht wäre? Von welcher Form wären unsre
Stühle, unsre Tische und Schränke ohne den Schrei=
ner oder Tischler; ich will von den Bettstätten,
Sesseln, Schreibpulten und Ruhebetten nicht reden?
Wer würde uns kleiden, ohne den Schneider? und
ohne den Schuster müßten wir barfuß gehen. Die
Welt wäre vielleicht nur halb so bekannt, ohne den
Wagner; denn die Räder kommen von ihm, diese
besten Flügel welche der Mensch jemals erfunden
hat; und ohne den Schmied könnten uns selbst die
Pferde nur wenig nützen; ohne ihn wäre man hinter
keiner Thüre sicher. Wenn die ganze Welt zu [1] Fuße
gienge, bedürfte man freilich der Sattler nicht. Auch
die Dreher könnte man entbehren, wenn man da
stehen bleiben wollte, wo die Grönländer und Sa=
mojeden stehen. Wie wären unsre Küchen schlecht ge=
ziert, ohne jene glänzenden Geschirre, die vom
Spengler kommen; und gar mancher Dieb wäre nicht

gehenkt worden, wenn der Seiler nicht den Strick geliefert hätte. Am unentbehrlichsten wären die Köche, die Bäcker, die Metzger und die Maurer, denn diese Handwerke sind so nothwendig, daß auf dem Lande die meisten Bauern sich ihnen unterziehen.

[1] zu, à.

LIV.

Das Studium der Naturgeschichte ist von hohem Interesse und von der größten Wichtigkeit. Das Thierreich, das Pflanzenreich und das Mineralreich sind für den Geist des Naturforschers ein wahres Buch der Weisheit, und bieten dem Auge des Beobachters Stoff zur Unterhaltung und zur Belehrung. Aristoteles, der Fürst der Weltweisen, wie man ihn lange nannte, ein Grieche aus Stagyra, einer Stadt in Mazedonien, ist der erste, welcher uns weitläufig über die Naturwissenschaften gesprochen. Er lebte zur Zeit Alexanders des Großen, dessen Lehrer und Freund er war; er starb drei hundert zwei und zwanzig vor Christo. Unter den Römern war Plinius der Mann, welcher sich am meisten mit der Natur beschäftigte; er ist der, welcher in den Abgrund des Vesuvs fiel, als er im Jahre neun und siebzig vor Christo den

Ausbruch dieses Vulkanes von nahem beobachten wollte. Linné, ein Schwede, welcher Professor an der Hochschule zu Upsala gewesen, und siebzehn hundert acht und siebzig starb, war der größte Botaniker, der vielleicht jemals gelebt. Cuvier war der größte Naturforscher Frankreichs und überhaupt seiner Zeit. Die Alten haben wenig von der Erdkunde und von der Naturlehre verstanden; diese Wissenschaften haben in [1] unsern Tagen große Fortschritte gemacht. Die Sternkunde hat eine ganz andere Gestalt erhalten durch Nikolaus Kopernikus, der zu Thorn, im heutigen Preußen, tausend vier hundert drei und siebzig geboren wurde. Dieser Mann hat die wahre Bewegung der Erde entdeckt, denn bis auf[2] ihn glaubte man, daß die Sonne sich um die Erde drehe.

[1] in, de. [2] auf, à.

LV.

Wenn der Mensch gesund bleiben soll, muß es vor allem gutes Wetter sein; schlechtes Wetter veranlaßt viele Krankheiten, unter welchen der Schnupfen und der Husten die minder bedeutenden sind. Eine zu große Hitze ist eben so schädlich und oft selbst schädlicher als eine zu große Kälte. Neulich war ein starkes

Gewitter, die Blitze und Donnerschläge folgten auf einander [1] wie das Wort auf den Gedanken, und der Regen fiel wie ein Wolkenbruch vom Himmel: den folgenden Tag waren viele Menschen krank geworden, und mehrere Kranken waren gestorben. Während eines solchen Wetters ist die Erfindung Franklins, der Blitzableiter, eine gute Sache. Wenn es sehr kalt ist, wenn der Reif wie Nebel auf die Erde herabfällt, lange Eiszapfen an den Bäumen hängen, und das Wasser auf den Wiesen und die Flüsse gefroren sind; dann freut sich die Jugend, und jeder läuft nach seinen Schrittschuhen oder nach seinem Schlitten, und sucht sein Vergnügen dort, wo er nur zu oft das Gegentheil findet. Viele junge Leute sind schon auf dem Glatteise gefallen und haben den Arm oder das Bein gebrochen, und sind für immer Krüppel geworden; andere haben sich erkältet und wurden taub; noch andere haben ein Auge verloren und sind jetzt scheel. Aber stellt euch das Unglück eines Taubstummen vor, der auch Schrittschuh laufen wollte und der so entsetzlich fiel, daß er heute, in Folge dieses Sturzes, bucklicht ist und am rechten Fuße hinkt.

[1] auf einander, so.

LVI.

Die alten Römer trugen zuweilen Kleider, welche silberfarben und unverbrennbar waren; wollte man diese Kleider waschen, so warf man sie, statt in das Wasser, ins Feuer. Der Stoff, aus welchem sie gemacht waren, war weder Wolle noch Hanf, weder Baumwolle noch Flachs, sondern, was sehr merkwürdig ist, ein Stein, der aus langen Fäden besteht und sich spinnen läßt. Dieser Stein heißt Asbest.

Die Wilden, welchen das Eisen unbekannt ist, verfertigen ihre Waffen, z. B., Messer, Säbel, Dolche, Lanzen, aus Steinen; und wann die Wogen des Meeres die Schiffe zu sehr hin und her werfen, so daß die Matrosen sich nicht rasieren können ohne Gefahr zu laufen, sich den Hals abzuschneiden, dann bedienen sie sich eines Steines, statt eines Schermessers, um ihren Bart abzumachen. Dieser Stein ist der Bimsstein, der eben so leicht und ebenso durchlöchert ist, wie das Korkholz, aus welchem man die Stöpsel macht. Jeder kennt jenen weißen Stein, mittelst dessen man auf die Tafeln schreibt und den man Kreide nennt. Es gibt in Dänemark Berge, die man von weitem

für Schneeberge hält, und die in der Nähe betrachtet
nichts anders sind als Kreideberge, auf deren Gipfel
schöne Wälder wachsen. Ein großer Theil des Bo=
dens in der Champagne besteht aus Kreide; die Fel=
der dieses Bodens sind fruchtbar und seine Weine
sind sehr gesucht. Die Steinkohle, welche man in so
großer Menge in den Bergwerken von St. Etienne in
der Nähe von Lyon findet, ist gerade das Gegentheil
des Asbestes, denn sie brennt sehr leicht; sie ist auch
das Gegentheil des Bimssteines, denn sie ist schwer,
sehr dicht und glatt; sie ist endlich noch das Gegen=
theil der Kreide, denn ihre Farbe ist schwarz.

LVII.

In den entfernten Zeiten des Alterthumes aß man
ohne Löffel und ohne Gabeln; die Stühle hatten
nur sehr selten eine Lehne, und die Betten bestanden
aus einem Strohsacke oder aus einer Matratze, aus
einem Kissen und aus einer Decke. Vorhänge und
Betttücher lernte man erst später kennen. Der Krug,
der Becher, der Topf und die Lampe waren, wie es
scheint, schon frühe bekannt und ihre Formen waren
geschmackvoller als zu unsern Tagen. Das Glas ist

eine Erfindung der Phönizier, allein die Gläser und besonders das Porzellan wurden erst später bekannt. Die Käfige der Alten waren nicht so schön als die unfern, denn die üble Gewohnheit die armen Vögel einzusperren und sie ihrer Freiheit zu berauben, war noch nicht so allgemein verbreitet wie heute, obgleich man Geschmack an den Vögeln fand, welche einige Wörter aussprechen konnten. Und da der Papagei erst nach der Entdeckung von Amerika bekannt wurde, so lehrte man in den alten Zeiten die Elster, den Raben und den Staaren sprechen. Die Leuchte scheint bereits eine alte Erfindung zu sein, denn Diogenes bediente sich schon derselben als er beim hellen Tage einen Menschen suchte. Von der Chokolade und von den Liquören wußten weder die Griechen noch die Römer etwas; auch die Häringe scheinen ihnen unbekannt gewesen zu sein. Obschon Horaz, der römische Dichter, den Wein sehr liebte und der Schlemmer Lukullus den Aal und die Forelle ungemein gerne aß. Die Austern waren wohl bekannt, aber niemand kam der Gedanke sie zu essen.

LVIII.

Der Eigenthümer dieses Landhauses ist mein Vet=

ter, ein Arzt welcher große Reichthümer besitzt, und welcher sehr geschickt, und sehr wohlthätig gegen die Armen ist. Ihm gehören auch jene Steinbrüche, eine Viertelstunde von hier, unweit der Meierei, wo wir vor vierzehn Tagen waren, und wo wir den schönen Wasserfall bewunderten, an dessen Fuße, umgeben von Erlen und Birken, eine Mühle liegt. Wenn ich an eine Mühle denke, so erinnere ich mich immer an das Bild des dicken Müllers, der uns voriges Jahr einen Fußweg zeigte, worauf wir eher in die Stadt zurückkommen sollten, als auf der Land=straße, und wo wir durch Gräben und Sümpfe, über Heiden und Kies einen großen Umweg gemacht ha=ben. Ich liebe sehr das Leben auf dem Lande und das lustige Grün, das mit seinen Wohlgerüchen die ganze Gegend würzet. Jede Blume, jeder Strauch und jeder Baum ist mir ein Freund, und jede Frucht die ich pflücke, genieße ich wie eine Wohlthat des Herrn. Hier lustwandle ich am Rande eines Baches, wo der Thymian blüht und das Vergißmeinnicht und das bescheidene Maienblümchen. Die Wiesen sind besät mit weißen Maßliebchen und gelben Schlüs=selblümlein, und den Rahmen dieses bunten Gemäl=des bilden Weidenbäume und Pappeln. Auf jedem

Acker wachsen Kornblumen und Klatschrosen, und
wenn ich zum Fenster hinaußsehe, grüßen mich mit
ihrem unschuldigen Lächeln die Veilchen, die Tul=
pen und die Levkoien. Was ich aber nicht leiden kann
auf dem Lande, das sind : die Sonnenblumen, die
Disteln und der Mist.

¹ am, sur.

LIX.

Das Schießpulver hat' in der Welt ebenso große
Umwandlungen hervorgebracht, als die Entdeckung
von Amerika und die Erfindung der Buchdrucker=
kunst. Das Pulver wurde erfunden von einem
deutschen Mönche aus Freiburg, Namens Berthold
Schwarz, zu Ende des dreizehnten Jahrhunderts.
Man sagt, daß dieser Geistliche sich viel mit Gold=
macherei beschäftigte. Als er eines Tages Kohlen,
Schwefel undSalpeter untereinander¹ gemengt hatte,
so fiel ein Funke in dieses Gemisch und Alles entzün=
dete sich mit einem fürchterlichen Knall. Von die=
sem unbedeutenden Umstande hieng die ganze Um=
gestaltung ab. Ehemals war die Waffe des Solda=
ten das Schwert, der Pfeil, der Bogen oder die Arm=

bruſt und der Spieß; ein Helm auf dem Kopfe und ein Schild an dem Arme. Im Mittelalter hatte man noch Streitärte und Streitkolben[1], womit man den Feind erſchlug. Die Waffen der Soldaten in unſern Tagen ſind der Säbel und die Flinte. Die Flinte be= ſteht aus dem Laufe, dem Ladſtocke, dem Kolben und dem Schloſſe. Das Schloß iſt zuſammengeſetzt aus dem Hahnen, der Zündpfanne, dem Zündloche und dem Drücker. In ſeiner Patrontaſche trägt der Soldat die Patronen. Die Flinte iſt hauptſächlich die Waffe des Fußvolks, die Reiterei bedient ſich ge= wöhnlich der Piſtolen. Jedes Regiment hat ſeine Fahne, einen Obriſten und mehrere Haupleute. Im Lager lebt der Soldat unter den Zelten, die Schild= wache darf ſich in das Schilderhaus ſtellen; aber wenn bei einer Belagerung eine Feſtung mit[2] Sturm eingenommen wird, dann ſchützen nur das Glück und der Muth.

[1] untereinander, ne se traduit pas. [2] mit, à.

LX.

Semiramis jene Königin des großen Babylon, von welcher uns die Geſchichte ſo viele merkwürdige Dinge erzählt, ſoll die Tochter einer Göttin geweſen

sein, sie war die Gattin des Königes Ninus und re=
gierte als Witwe viele Jahre lang mit vieler Klug=
heit ihre Völker.

Neptun der Gott der Wasser und Pluto der Fürst
der Unterwelt waren die Oheime der Minerva, welche
man in Griechenland und in Italien als die Göttin
der Weisheit verehrte, sie selbst war die Tochter Ju=
piters; und weil Juno die Schwester Jupiters war,
so war sie auch zugleich die Muhme Minervas.

Maria Stuart jene eben so schöne als unglückliche
Königin, welche zwei Kronen auf ihrem Haupte ge=
tragen hatte, und auf Befehl Elisabethens von Eng=
land hingerichtet wurde, war die Nichte des Herzogs
von Guise und des Kardinals von Lothringen.

Der Papst Leo der Zehnte war der Enkel jenes
berühmten Cosmus von Medizis aus Florenz, der
wegen seiner Liebe zum Volke und wegen seiner
Hingebung für den Staat Vater des Vaterlandes
benannt wurde.

Der König der Meder Astyages war der Großva=
ter des berühmten Begründers des persischen Rei=
ches, jenes gewaltigen Cyrus; wenn es von Astya=
ges abgehangen hätte, so wäre dieser mächtige Fürst
ein Schäfer oder ein Räuber geworden.

Die Begründer des römischen Reiches waren zwei Findelkinder Romulus und Remus, die, wie man sagt, während einiger Zeit von einer Wölfin ernährt wurden, sie waren Brüder und Zwillinge.

1 zum, pour.

VOCABULAIRE.

A. indique que le substantif *adoucit* la voyelle au pluriel.

R. indique que la voyelle *reste* sans être adoucie au pluriel.

S. indique que le substantif n'a que le *singulier*.

I.

Karl, Charles.
ist, est, du v. ir. sein.
ein, un
gut, bon.
das Kind, l'enfant, m.
er, il.
lieben, v. aimer.
Gott, Dieu, pl. die Götter.
gehorchen, v. obéir.
sein, son.
die Eltern, les parents.
und, et.
thut, fait, du v. ir. thun.
alles, tout.
was, ce que.
die Religion, la religion.
ihm, à lui.
befiehlt, commande, du. v.
    ir. befehlen.
auch, aussi.

hat, a, du v. ir. haben.
lernen, v. apprendre.
wenig, peu.
klein, petit.
der Knabe, le garçon.
das Alter, l'âge, m.
wissen, v. ir. savoir.
liest, lit, du v. ir. lesen.
sehr, très.
schreiben, v. ir. écrire.
noch, encore.
besser, mieux, comp. de
    gut.
weiß, sait, du v. ir. wissen.
groß, grand.
das Einmaleins, le livret.
auswendig, par cœur.
heute, aujourd'hui.
der Erste, le premier.
die Schule, l'école, f.
kennen, v. ir. connaître.
fünf, cinq.

der Welttheil, la partie du monde.
Europa, l'Europe, f.
Asien, l'Asie, f.
Afrika, l'Afrique, f.
Amerika, l'Amérique, f.
Neuholland, l'Océanie, f.
ebenso, de même.
der Fluß, la rivière.
oder, ou.
der Berg, la montagne.
die Stadt, la ville.
Frankreich, la France.
denn, car.
dieser, e, es, ce.
das Königreich, le royaume.
das Vaterland, la patrie.
zeichnen, v. dessiner.
wie, comme.
von, de, prép. avec le D.
zwölf, douze.
R. das Jahr, l'an, m.
aber, mais.
nicht, pas.
so, aussi, si.
alt, âgé.
A. die Mutter, la mère.
sagen, v. dire.
gestern, hier.
vorgestern, avant-hier.
sechs, six.
zwei, deux.
der Monat, le mois.
solcher, e, es, tel.
der Mensch, l'homme, m.

II.

Der Schöpfer, le créateur.
der Himmel, le ciel.

die Erde, la terre.
machen, v. faire.
wir, nous.
sehen, v. ir. voir.
die Luft, l'air, m.
das Wasser, l'eau, f.
die Sonne, le soleil.
R. der Mond, la lune.
die Pflanze, la plante.
das Thier, l'animal, m.
endlich, enfin.
nichts, rien.
kann, peut, du v. ir. können.
leben, v. vivre.
ohne, sans, prép. avec l'A.
R. der Tag, le jour.
der Sohn, le fils.
während, pendant, pr. avec le G.
die Nacht, la nuit.
der Stern, l'étoile, f.
der Stein, la pierre.
wachsen, v. ir. croître.
in, dans, prép. avec le D. et l'A.
aber, mais.
die Wurzel, la racine.
der Stiel, la tige.
der Stamm, le tronc.
das Blatt, la feuille.
der Fisch, le poisson.
schwimmen, v. ir. nager.
A. der Vogel, l'oiseau, m.
fliegen, v. ir. voler.
vier, quatre.
der Fuß, le pied.
auf, sur, prép. avec le D. et l'A.
einige, quelques-uns.

laufen, v. ir. courir.
schnell, vite.
erschaffen, v. ir. créer.
das Bild, l'image, f.
der König, le roi.

III.

Die Gestalt, la forme.
beinahe, presque.
derjenige, celui.
das Ei, l'œuf, pl. die Eier.
sie, elle.
die Oberfläche, la surface.
der Mittelpunkt, le centre.
niemand, personne.
kennen, v. ir. connaître.
der Schooß, le sein.
nur, seulement.
die Zeit, le temps.
das Feuer, le feu.
der Schwefel, le soufre.
s. die Asche, la cendre.
ausbrechen, v. éclater.
aus, de, prép. avec le D.
das Innere, l'intérieur, m.
der Ausbruch, l'éruption, f.
gewöhnlich, à l'ordinaire.
begleiten, v. accompagner.
die Erschütterung, la secousse.
nennen, v. ir. nommer.
die Naturerscheinung, le phé-
    nomène.
das Erdbeben, le tremble-
    ment de terre.
der Gelehrte, le savant.
sagen, v. dire.
brennen, v. brûler.
vergleichen, v. comparer.
das Blut, le sang.

die Ader, la veine.
die Quelle, la source.
der Ort, l'endroit, m.
wo, où.
sprudeln, v. jaillir.
die Wiege, le berceau.
meistentheils, pour la plupart.
ihr, leur.
die Mündung, l'embou-
    chure, f.
enthält, renferme, du v. ir.
    enthalten.
auch, aussi.
verschieden, différent.
das Metall, le métal.
das Gold, l'or, m.
das Silber, l'argent, m.
das Kupfer, le cuivre.
das Blei, le plomb.
das Eisen, le fer.
andrer, e, es, autre.
besser, mieux, comp. de gut.
der Gegenstand, l'objet. m.
die Erdbeschreibung, la géo-
    graphie.

IV.

Wenn, quand, si.
man, on.
dich, te.
fragen, v. demander.
das Element, l'élément, m.
die Welt, le monde.
antworten, v. répondre.
es gibt, il y a.
nicht, pas.
einzig, seul.
das Wesen, l'être.
kann, peut.

fie, eux.
benn, car.
der Grund, le fond.
all, tout.
das Ding, la chose.
athmen, respirer.
die Nahrung, la nourriture.
gewiß, certain.
das Thierlein, le petit animal.
der Wind, le vent.
als, que.
welcher, e, es, qui.
sich, se.
bewegen, v. mouvoir.
der Sturm, la tempête.
die See, la mer, der See, le lac.
veranlassen, v. occasionner.
durch, par, prép. avec l'A.
die Wüste, le désert.
der Samum, le Samum.
sein, son.
die Natur, la nature.
giftig, vénimeux.
gefährlich, dangereux.
vorüberziehen, v. ir. passer.
stirbt, meurt, du v. ir. sterben.
wie? comment?
ihr, vous.
sanft, doux.
s. der Hauch, le souffle.
schön, beau.
der Abend, le soir, la soirée.
der Sommer, l'été.
der Zephyr, le zéphyr.
leuchten, v. luire.
wärmen, v. chauffer.
es, il.

dienen, v. servir.
das Licht, la lumière.
die Dunkelheit, l'obscurité, f.
machen, v. faire.
der Winter, l'hiver, m.
A. der Ofen, le fourneau, le poêle.
trinken, v. ir. boire.
weniger, moins.
trinkbar, potable.
das Meer, la mer.
gesalzen, salé.
bitter, amer.
vermehren, v. augmenter.
s. der Durst, la soif.
gefrieren, v. ir. geler.
wird, devient, du v. ir. werden.
s. das Eis, la glace.
steigen, v. ir. s'élever.
die Gestalt, la forme.
der Dunst, la vapeur.
bilden, v. former.
die Wolke, la nue.
der Nebel, le brouillard.
der Regen, la pluie.
s. der Schnee, la neige.
der Hagel, la grêle.

V.

Der Leib, le corps, pl. die Leiber.
die Seele, l'âme.
das Auge, l'œil, m., pl. die Augen.
können, v. ir. pouvoir.
ihn, le.
stirbt, meurt, du v. ir. sterben.

nach, après, prép. av. le D.
gewiß, certain.
die Anzahl. le nombre.
R. das Jahr, l'année, f.
zuvor, auparavant.
nämlich, à savoir.
s. der Staub, la poussière.
der Geist, l'esprit, m., pl.
  die Geister.
kömmt, vient, du v. ir.
  kommen.
unsichtbar, invisible.
unsterblich, immortel.
das Kleid, le vêtement, l'habit, m.
welcher, e, es, lequel.
arbeiten, v. travailler.
auf, sur, prép. avec le D.
  et l'A.
für, pour, prép. avec
  l'A.
der Himmel, le ciel.
verläßt, abandonne, du v.
  ir. verlassen.
der Körper, le corps.
wie, comme.
der Schmetterling, le papillon.
die Hülle, l'enveloppe, f.
die Zeit, le temps.
die Arbeit, le travail.
man, on.
alsdann, alors.
todt, mort.
obschon, quoique.
ander, autre.
wo, où.
empfängt, reçoit, du v. ir.
  empfangen.

die Belohnung, la récom-
  pense.
oder, ou.
die Strafe, la punition.

VI.

Das Gras, l'herbe, f.
die Nahrung, la nourri-
  ture.
für, pour, prép. av. l'A.
s. das Vieh, le bétail.
mähen, v. faucher.
um zu, (avec l'inf.), pour.
dörren, v. sécher.
dann, alors.
s. das Heu, le foin.
s. der Hafer, l'avoine, f.
die Art, l'espèce, f.
ebenso, de même.
s. der Roggen, le seigle.
s. die Gerste, l'orge, f.
s. der Weizen, le froment.
willst du, veux-tu, du v. ir.
  wollen.
das Weißbrod, le pain blanc.
nimm, prends, impér. du
  v. ir. nehmen.
geben, v. donner.
das Schwarzbrod, le pain
  bis.
der Bäcker, le boulanger.
backen, v. ir. cuire.
R. das Brod, le pain.
der Kuchen, le gâteau.
machen, v. faire.
das Bier, la bière.
der Hopfen, le houblon.
der Engländer, l'Anglais, m.
Franz, François.

3

brachte, apportait, du v. ir.
    bringen.
aus, de, prép. avec le D.
im Jahre, en.
tausend, mil.
fünfhundert, cinq cents.
sechs und achtzig, quatre-
    vingt-six.
erst, premier.
die Kartoffel, la pomme de
    terre.
der Kaffee, le café.
die Frucht, le fruit.
der Baum, l'arbre.
ungesund, malsain.
schaden, v. nuire
besonders, en particulier.
der Zucker, le sucre.
der Saft; le suc.
genannt, nommé, du v. ir.
    nennen.
das Zuckerrohr, la canne à
    sucre.
erreichen, v. atteindre.
die Höhe, la hauteur.
der Mann, l'homme, m.,
    pl. die Männer.
kömmt, voir n° V.
Ostindien, les Indes orien-
    tales.
Arabien, l'Arabie, f.
süß, doux.
s. der Mund, la bouche.
sauer, aigre.
A. der Magen, l'estomac, m.
verdirbt, gâte, du v. ir. ver-
    derben.
der Zahn, la dent.
blaß, pâle.

VII.

Der Sinn, le sens.
welcher, e, es, lequel, qui.
das Gesicht, la vue.
s. das Gehör, l'ouïe, f.
A. der Geruch, l'odorat, m.
s. der Geschmack, le goût.
das Gefühl, le toucher.
sieht, voit, du v. ir. sehen.
mit, avec, prép. av. le D.
hören, v. entendre.
das Ohr, l'oreille, f., pl.
    die Ohren.
riechen, v. ir. sentir.
die Nase, le nez.
schmecken, v. goûter.
die Zunge, la langue.
fühlen, v. palper, toucher.
die Spitze, la pointe.
der Finger, le doigt.
essen, v. ir. manger.
verdauen, v. digérer.
das Nahrungsmittel, l'ali-
    ment, m.
durch, par, prép. avec l'A.
die Lunge, le poumon.
die Verrichtung, la fonction.
nothwendig, nécessaire.
sie, elle.
einzig, unique.
der Zweck, le but.
unser, notre.
s. das Dasein, l'existence, f.
das Gehirn, le cerveau.
der Kopf, la tête.
empfängt, voir n° V.
der Eindruck, l'impression,
    f.

das Werkzeug, l'instrument, m.
der Gedanke, la pensée.
bös, mauvais.
dagegen, au contraire.

VIII.

das Thier, l'animal, m.
können, peuvent, du v. ir. können.
sich, se.
bewegen, v. mouvoir.
gehen, v. ir. marcher, aller.
der Ort, l'endroit, m.
einwurzeln, v. enraciner.
die Bewegung, le mouvement.
folglich, par conséquent.
der Charakter, le caractère.
verschieden, différent.
die Größe, la grandeur.
aber, mais.
wann, quand.
anfangen, v. ir. commencer.
wachsen, v. ir. croître.
so, aussi, si.
daß, que.
erstaunen, v. s'étonner.
außerordentlich, extraordinairement.
sieht, voit, du v. ir. sehen.
nur, seulement.
die Hilfe, le secours, l'aide, m.
das Vergrößerungsglas, le microscope.
bis, jusque.
der Tropfen, la goutte.
entweder... oder, ou... ou.
wild, sauvage.

zahm, apprivoisé.
nützlich, utile.
schädlich, nuisible.
angenehm, agréable.
unangenehm, désagréable.
die Hyäne, l'hyène.
der Tiger, le tigre.
der Wolf, le loup.
die Kuh, la vache.
das Schaaf, la brebis.
R. der Hund, le chien.
das Hausthier, l'animal domestique, m.
der Seidenwurm, le ver à soie.
die Biene, l'abeille, f.
die Heuschrecke, la sauterelle.
die Maus, la souris.
die Nachtigall, le rossignol.
das Pferd, le cheval, pl. die Pferde.
schön, beau.
die Schlange, le serpent.
die Spinne, l'araignée, f.
ekelhaft, dégoûtant.
die Kröte, le crapaud.
häßlich, laid, vilain.

IX.

Weißt du, sais-tu, du v. ir. wissen.
wohl, bien.
mein, mon.
woher, d'où.
spricht, parle, du verbe ir. sprechen.
einige, quelques.
der Gelehrte, le savant.
die Sprache, le langage, la langue.

erfunden, inventé, du v. ir. erfinden.

dies, ce, cela.

der Irrthum, l'erreur, f., pl. die Irrthümer.

Adam, nom pr., Adam.

der Herr, le seigneur, le sieur, le maître, pl. die Herren.

hören, v. entendre.

das Wort, la parole, le mot.

blieb, restait, du v. ir. bleiben.

unter, parmi.

die Ursprache, la langue primitive.

verschwand, disparut, du v. ir. verschwinden.

nach und nach, peu à peu.

das Volk, le peuple.

zerstreuen, v. disperser.

schon, déjà.

ausgestorben, mort, du v. ir. aussterben.

unter andern, entre autres.

das Hebräische, l'hébreu, m.

das Griechische, le grec.

das Latein, le latin.

heute, aujourd'hui.

das Land, le pays.

seinig, sien.

das Geschenk, le don.

gehören, v. appartenir.

allein, seul.

kein, aucun.

erlauben, v. permettre.

nie, jamais.

dein, ton.

die Zunge, la langue.

aussprechen, v. ir. prononcer.

verantwortlich, responsable.

jeder, e, es, chaque.

wie, comme.

die Handlung, l'action, f.

X.

Der Stein, la pierre.

blühen, v. fleurir.

n. der Ort, l'endroit, m.

dennoch, cependant.

s. der Nutzen, l'utilité, f.

für, pour, prép. av. l'A.

man, on.

bauen, v. bâtir.

die Kirche, l'église, f.

das Denkmal, le monument.

A. der Pallast, le palais.

die Brücke, le pont.

das Haus, la maison.

R. der Dom, la cathédrale.

Mailand, Milan.

ganz, tout.

der Marmor, le marbre.

der Baumeister, l'architecte, m.

der Bildhauer, le sculpteur.

suchen, v. chercher.

der Sandstein, le grès.

selten, rare.

deßhalb, à cause de cela.

theuer, cher.

selbst, même.

das Gold, l'or, m.

das Silber, l'argent, m.

nennen, v. ir. nommer.

der Edelstein, la pierre précieuse.

der Diamant, le diamant.
ohne, sans.
irgend ein, aucun.
die Farbe, la couleur.
strahlend, rayonnant.
der Stern, l'étoile, f.
der Großmogul, le Grand-
    mogol.
der Kaiser, l'empereur, m.
Tibet, Thibet, m.
kannte, connaissait, du v.
    ir. kennen.
war, était, du v. ir. sein.
das Taubenei, l'œuf de pi-
    geon.
kosten, v. coûter.
die Million, le million.
der Rubin, le rubis, pl. die
    Rubinen.
roth, rouge.
der Schmaragd, l'émeraude,
    f.
grün, vert.
der Topas, le topaze.
gelb, jaune.
der Amethyst, l'améthyste, f.

XI.

Weiß, blanc.
du, toi, tu.
schwarz, noir.
braun, brun.
s. der Zimmt, la canelle.
roth, rouge.
s. das Kupfer, le cuivre.
gelb, jaune.
die Zitrone, le citron.
theilen, v. diviser.
nach, d'après.

verschieden, différent.
n. die Art, l'espèce, f.
es gibt, il y a.
die Race, la race.
der Theil, la partie.
der Einwohner, l'habitant, m.
der Mohr, le nègre, pl.
    die Mohren.
anstatt, au lieu.
das Haar, le cheveu.
die Wolle, la laine.
auf, sur.
welcher, e, es, lequel.
der Zahn, la dent.
s. der Schnee, la neige.
beinahe, presque.
ganz, tout, entièrement.
nakt, nu.
es, ce.
der Wilde, le sauvage.
arm, pauvre.
der Sklave, l'esclave, m.
die Kolonie, la colonie.
dies, ce.
bleiben, v. ir. rester.
doch, cependant.
immer, toujours.
obschon, quoique.
behandeln, v. traiter.
der Mongole, le Mongol.
der Chinese, le Chinois.
Japan, le Japon.
das Volk, le peuple.
die Haut, la peau.
das Gesicht, la figure.
breit, large.
die Hautfarbe, la couleur de
    la peau.
lang, long.

der Mund, la bouche.
dick, gros.
die Nase, le nez.
kupferfarbig, couleur de cuivre.

XII.

Zwölf, douze.
der Monat, *le mois.*
fünf und sechzig, soixante-cinq.
jeder, chaque.
die Stunde, l'heure, f.
die Minute, la minute.
die Jahrszeit, la saison.
der Frühling, le printemps.
der Sommer, l'été, m.
der Herbst, l'automne.
der Winter, l'hiver, m.
erwecken, v. éveiller.
lang, long.
der Schlaf, le sommeil.
schütten, v. répandre.
die Blume, la fleur.
der Berg, la montagne.
n. die Flur, les champs.
während, pendant, prép. avec le G.
heiß, chaud.
dies, ceci.
wo, où.
baden, v. baigner.
ertrinken, v. ir. se noyer.
die Erndte, la moisson.
zeitigen, v. mûrir.
die Frucht, le fruit.
sieh, regarde, du v. ir. sehen.
dort, là.
oben, en haut.

jener, ce.
der Hügel, la colline.
die Rebe, la vigne.
die Traube, le raisin.
reif, mûr.
bald, bientôt.
beginnen, v. ir. commencer.
die Weinlese, la vendange.
der Wein, le vin.
die Arznei, la médecine.
das Gift, le poison, pl. die Gifte.
diejenigen, ceux.
trinken, v. ir. boire.
kalt, froid.
trübe, sombre.
traurig, triste.
das Licht, la lumière.
scheinen, v. ir. paraltre.
erloschen, éteint.
nichts, rien.
die Wolke, le nuage.
überall, partout.
s. das Eis la glace.
kleiden, v. habiller.
warm, chaud.
gehen, v. ir. aller.
die Kirche, l'église, f.
s. die Ruhe, le repos.
das Gebet, la prière, pl. die Gebete.

XIII.

Viel, beaucoup.
das Ding, la chose.
die Welt, le monde.
unentbehrlich, indispensable.
das Beispiel, l'exemple, m.

das Nahrungsmittel, l'aliment, m.
nothwendig, nécessaire.
das Kleid, l'habit, m.
n. die Uhr, l'horloge, f.
weder... noch, ni... ni.
die Wichtigkeit, l'importance, f.
oft, souvent.
hübsch, joli.
ehemals, autrefois.
blos, simplement, ne que.
die Sonnenuhr, le cadran solaire.
unvollkommen, imparfait.
zeigen, v. montrer, indiquer.
so lange, tant que.
schien, luisait, du v. ir. scheinen.
die Nacht, la nuit.
blieben, restèrent, du v. ir. bleiben.
unbekannt, inconnu.
erfand, inventa, du v. ir. erfinden.
spät, tard.
die Sanduhr, le sablier.
die Wasseruhr, la clepsydre.
die Einrichtung, la disposition.
die Menge, la quantité.
s. der Sand, le sable.
rann, coulait, du v. ir. rinnen.
durch, par, à travers.
das Gefäß, le vase.
das Glas, le verre.
verflossen, écouler, du v. ir. verfließen.
mit, avec
letzt, dernier.
das Tröpflein, la petite goutte.
das Körnlein, le petit grain.
die Zeit, le temps.
die Erfindung, l'invention, f.
die Räderuhr, l'horloge à roues, f.
unbekannt, inconnu.
glauben, v. croire.
der Franzose, le Français.
der Papst, le pape.
die Taschenuhr, la montre.
seit, depuis, prép. av. le D.
der Erfinder, l'inventeur, m.
der Uhrmacher, l'horloger, m
Nürnberg, Nuremberg.
Deutschland, l'Allemagne, f.
hieß, se nomma, du v. ir. heißen.
Peter, Pierre.
Hele, Hele.
schlagen, v. ir. sonner.
die Repetieruhr, la montre à répétition.

XIV.

Die Wissenschaft, la science.
die Kunst, l'art, m.
die Wohlthat, le bienfait.
für, pour, prép. av. l'A.
entdecken, v. découvrir.
der Sterbliche, le mortel.
die Wahrheit, la vérité.
verschaffen, v. procurer.
derjenige, celui.
studieren, v. étudier.

die Kenntniß, la connaissance.
s. die Dichtkunst, la poésie.
die Malerei, la peinture.
die Musik, la musique.
die Bildhauerei, la sculpture.
schon, déjà.
die Alten, les anciens.
betrachten, v. regarder.
das Geschenk, le don.
veredeln, v. ennoblir.
der Dichter, le poëte.
singen, v. chanter.
der Vers, le vers.
der Maler, le peintre.
ergößen, v. réjouir.
die Farbe, la couleur.
der Musiker, le musicien.
rühren, v. toucher.
das Herz, le cœur, pl. die Herzen.
sanft, doux.
der Ton, le son.
das Instrument, l'instrument, m.
der Meisel, le ciseau.
der Bildhauer, le sculpteur, le statuaire.
beleben, v. animer.
der Marmor, le marbre.
Lamartine, Lamartine.
Cornelius, Cornélius.
deutsch, allemand.
groß, grand.
Rossini, Rossini.
der Italiäner, l'Italien, m.
der Däne, le Danois.
Thorwaldsen, Thorwaldsen.
bewunderungswürdig, admirable.

XV.

Die Abgötterei, l'idolâtrie, f.
die Erniedrigung, l'humiliation, f.
die Menschheit, l'humanité, f.
der Gößendiener, l'idolâtre, m.
anbeten, v. adorer.
das Geschöpf, la créature.
der Himmelskörper, le corps céleste.
unglücklich, malheureux.
denn, donc.
vergessen, v. ir. oublier.
daß, que.
der Herr, le seigneur.
der Schöpfer, le créateur.
vergißt, oublie, du v. ir. vergessen.
die Würde, la dignité.
wenn, quand, si.
beugen, v. courber.
vor, devant, prép. av. le D. et l'A.
das Wesen, l'être, m.
unter, au-dessous, prép. av. le D. et l'A.
alt, ancien, vieux.
der Heide, le Païen.
der Grieche, le Grec.
der Römer, le Romain.
unterrichtet, instruit.
der Egypter, l'Égyptien, m.
verehren, v. adorer.
das Krokodil, le crocodile.
die Zwiebel, l'oignon, m.
der Perser, le Persan.
heute, aujourd'hui.

Jesus Christus, Jésus-Christ.
brachte, apporta, du v. ir.
   bringen.
s. die Liebe, l'amour, m.

XVI.

Der Sonntag, dimanche, m.
die Ruhe, le repos,
die Arbeit, le travail.
beginnen, v. commencer.
mit, avec, prép, av. le D.
der Montag, lundi, m.
die Beschäftigung, l'occupa-
   tion, f.
im Gange, en train.
der Dienstag, mardi, m.
der Mittwoch, mercredi, m.
bezeichnen, v. désigner.
die Woche, la semaine.
der Donnerstag, jeudi, m.
der Spieltag, le jour de
   congé.
der Freitag, vendredi, m.
der Samstag, samedi, m.
der Januar, janvier, m.
das Neujahr, le nouvel an.
die Fastnacht, mardi gras, m.
der Februar, février, m.
der Frühling, le printemps.
der März, mars, m.
feiern, v. célébrer.
der Charfreitag, vendredi
   saint, m.
die Ostern, Pâques, f.
der April, avril, m.
die Pfingsten, la Pentecôte.
der Frohnleichnamstag, la
   Fête-Dieu.
der Mai, mai, m.

der Johannistag, la Saint-
   Jean.
der Juni, juin, m.
die Hundstage, les jours ca-
   niculaires.
der Juli, juillet, m.
Mariä-Himmelfahrt, l'As-
   somption, f.
der August, août, m.
der September, septembre, m.
der Anfang, le commence-
   ment.
der Herbst, l'automne, m.
der Oktober, octobre, m.
die Ferien, les vacances.
der November, novembre,
   m.
das Fest, la fête.
die Allerheiligen, la Toussaint.
die Weihnacht, Noël, f.
der Dezember, décembre, m.

XVII.

Dieser, ce.
das Buch, le livre.
dort, là.
der Tisch, la table.
das Geschenk, le présent.
der Oheim, l'oncle, m.
unterhaltend, amusant.
voll, plein.
der Geist, l'esprit, m.
erkennen, v. ir. reconnaître.
der Verfasser, l'auteur, m.
das Blatt, la feuille.
die Seite, la page.
die Zeile, la ligne.
sogar, même.
die Vorrede, la préface.

das Gefühl, le sentiment.
die Sylbe, la syllabe.
zeigen, v. montrer.
berühmt, célèbre.
der Schriftsteller, l'écrivain, l'auteur, m.
der Buchdrucker, l'imprimeur, m.
verdienen, v. mériter.
s. das Lob, l'éloge, m.
denn, car.
das Werk, l'ouvrage, m., l'œuvre, f.
ebenso... als, aussi... que.
gedruckt, imprimé.
geschrieben, écrit, du v. ir. schreiben.
prächtig, magnifique.
der Anfangsbuchstab, la lettre initiale.
jeder, e, es, chaque.
das Kapitel, le chapitre.
die Vignette, la vignette.
der Geschmack, le goût.
das Papier, le papier.
fein, fin.
weiß, blanc.
der Buchbinder, le relieur.
thun, v. ir. faire.
der Meister, le maître.
bleiben, v. ir. rester.
zurück, en arrière.
der Einband, la reliure.
einfach, simple.
reich, riche.
vielleicht, peut-être.
der Safftan, le maroquin.
das Leder, le cuir.
der Schnitt, la tranche.

bunt, bigarré.
der Rücken, le dos.
vergoldet, doré.
einstweilen, en attendant.
der Band, le tome.
hier, ici, ci.
Friedrich, Frédéric.
jener, e, es, celui.
die Schwester, la sœur.
buchstabieren, v. épeler.
das ABCbuch, l'abécédaire, m.

XVIII.

Beinahe, presque.
n. die Tracht, le costume.
tragen, v. ir. porter.
das Hemd, la chemise, pl. die Hemden.
s. die Leinwand, la toile.
die Unterhose, le caleçon.
die Hose, le pantalon.
der Ueberrock, la redingote.
das Tuch, le drap.
die Jacke, la jaquette.
hübsch, joli.
der Kittel, la blouse.
der Strumpf, le bas.
n. der Schuh, le soulier.
die Socke, le chausson.
der Stiefel, la botte.
zuweilen, quelquefois.
die Kamasche, la guêtre.
mit, avec, prép. avec le D.
der Knopf, le bouton.
der Steg, le sous-pied.
dienen, v. servir.
die Fußbekleidung, la chaussure.

die Weste, le gilet.
bedecken, v. couvrir.
die Brust, la poitrine.
die Halsbinde, la cravate.
der Hals, le cou.
der Hut, le chapeau.
die Müze, la casquette.
unser, notre.
der Kopf, la tête.
schlecht, mauvais.
das Wetter, le temps.
A. der Mantel, le manteau.
der Regenschirm, le para-
  pluie.
regnen, v. pleuvoir.
ausgehen, v. ir. sortir.
vergiß, oublie, du v. ir.
  vergessen.
das Taschentuch, le mouchoir
  de poche.
der Handschuh, le gant.
einiges, quelque.
das Geld, l'argent, m.
golden, d'or.
die Kette, la chaîne.
der Ring, la bague.
überflüssig, superflu.
trägt, porte, du v. ir. tragen.
der Schlafrock, la robe de
  chambre.
der Pantoffel, le pantoufle.
das Weib, la femme, pl.
  die Weiber.
die Haube, le bonnet.
die Dame, la dame.
der Schawl, le châle, pl. die
  Schawls.
der Sonnenschirm, le parasol.
der Fächer, l'éventail, m.

XIX.

Das Pferd, le cheval.
stolz, fier.
muthig, courageux.
sanft, doux.
das Lamm, l'agneau, m.
finden, v. ir. trouver.
best, meilleur, superl. de
  gut.
Arabien, l'Arabie, f.
die Kuh, la vache.
s. die Milch, le lait.
s. das Fleisch, la viande.
der Ochse, le bœuf.
der Schinken, le jambon.
kommen, v. ir. venir.
das Schwein, le porc.
s. die Wolle, la laine.
das Schaaf, la brebis.
die Ziege, la chèvre.
fressen, du v. ir. manger,
  en parlant des animaux.
wenig peu.
viel, beaucoup.
arm, pauvre.
das Huhn, la poule.
legen, v. mettre, pondre.
das Ei, l'œuf, m., pl. die
  Eier.
jung, jeune.
der Hahn, le coq.
der Braten, le rôti.
die Taube, le pigeon.
die Ente, le canard.
der Kapaun, le chapon, pl.
  die Kapaunen.
der Fasan, le faisan, pl. die
  Fasanen.

noch, encore.
schmackhaft, savoureux.
die Gans, l'oie, f.
hauptsächlich, principalement.
gesucht, recherché.
die Feder, la plume.
s. das Fleisch, la chair.
schwer, difficile.
verdauen, v. digérer.
n. der Hund, le chien.
der Gefährte, le compagnon.
treu, fidèle.
gelehrig, docile.
wachsam, vigilant.
die Katze, le chat.
falsch, faux.
kratzen, v. griffer.
sie fängt, il attrape, du v. ir. fangen.
die Maus, la souris.
der Esel, l'âne, m.
dumm, bête.
halsstarrig, têtu.
das Hausthier, l'animal domestique, m.
das Kameel, le chameau.
der Elephant, l'éléphant, m.

XX.

A. Der Garten, le jardin.
das Beet, le carreau.
der Theil, la partie.
der Hof, la cour.
der Stall, l'écurie, f.
dort unten, là-bas.
die Scheune, la grange.
gegenüber, vis-à-vis.
wohnen, v. demeurer.

das Erbgeschoß, le rez-de-chaussée.
A. der Bruder, le frère.
das Stockwerk, l'étage, m
die Hausflur, le vestib.
breit, large.
die Stiege, l'escalier, m.
hell, clair.
die Treppe, la marche.
das Geländer, la rampe.
das Eisen, le fer.
der Gang, le corridor.
eng, étroit.
die Wohnung, le logement.
bestehen, v. ir. consister.
das Zimmer, la chambre.
die Küche, la cuisine.
A. der Ofen, le poêle.
das Porzellan, la porcelaine.
n. das Rohr, le tuyau.
der Schlüssel, la clef.
der Speisesaal, la salle à manger.
das Kamin, la cheminée.
A. der Fußboden, le plancher.
eingelegt, parqueté.
die Tapete, la tapisserie.
zieren, v. orner.
die Wand, le mur.
die Decke, le plafond.
gemalt, peint.
das Schloß, la serrure.
die Thüre, la porte.
der Schlosser, le serrurier.
der Spiegel, le miroir.
das Glas, le verre.
die Dicke, l'épaisseur.
der Finger, le doigt.
die Rahme, le cadre.

vergoldet, doré.
das Fenster, la fenêtre.
die Scheibe, la vitre.
A. der Laden, le volet.
der Keller, la cave.
gewölbt, voûté.
der Speicher, le grenier.
luftig, aéré.
das Dach, le toit.
gedeckt, couvert.
der Ziegel, la tuile.
der Schiefer, l'ardoise, f.
die Seite, le côté.
erheben, v. ir. élever.
der Schornstein, la cheminée.

XXI.

Willst du, veux-tu, du v. ir. wollen.
zeichnen, v. dessiner.
nimm, prends, du v. ir. nehmen.
der Bleistift, le crayon.
der Pinsel, le pinceau.
blau, bleu.
violett, violet.
grün, vert.
braun, brun.
grau, gris.
und so weiter, et ainsi de suite.
das Pergament, le parchemin.
das Holz, le bois.
Raphael, Raphaël.
Sanzio, Sanzio.
genannt, nommé.
Claude, Claude.
Lothringen, la Lorraine.

die Landschaft, le paysage.
der Flammänder, le Flamand.
vortrefflich, excellent.
Apelles, Apelles.
A. das Alterthum, l'antiquité, f.
das Gemälde, le tableau.
die Welt, le monde.
bewundern, v. admirer.
die Schwester, la sœur.
wahr, vrai.
die Künstlerin, l'artiste.
nachahmen, v. imiter.
die Natur, la nature.
die Frucht, le fruit.
s. die Frische, la fraîcheur.
gleich, pareil.
der Nachbar, le voisin, pl. die Nachbaren.
das Portrait, le portrait.
die Aehnlichkeit, la ressemblance.
unwissend, ignorant.

XXII.

Der Strauß, l'autruche, f.
A. der Vogel, l'oiseau, m.
die Höhe, la hauteur.
fliegen, v. ir. voler.
zu, trop.
schwer, lourd.
der Flügel, l'aile, f.
das Bein, la jambe.
dick, gros.
der Hals, le cou.
lang, long.
der Schwan, le cygne.
nur, seulement.
wenig, peu.

die Gans, l'oie, f.
vielleicht, peut-être.
dies, cela.
die Ursache, la cause.
die Dummheit, la stupidité.
verfolgen, v. persécuter.
n. die Jagd, la chasse.
verloren, perdu, du v. ir. verlieren.
stecken, v. mettre dans, fourrer.
der Strauch, le buisson.
schließen, v. ir. fermer.
n. die Art, la manière.
die Gefahr, le danger.
vorüber, passé.
ähnlich, semblable.
vor, devant, prép. avec le D. et l'A.
einbilden, v. imaginer.
niemand, personne.
sähe, verrait, du v. ir. sehen.
der Riese, le géant.
unter, parmi.
machten, feraient, du v. machen.
das Mittagessen, le dîner.

XXIII.

Der Soldatenstand, l'état militaire, m.
ehrenvoll, honorable.
der Bauernstand, l'état de laboureur, m.
nothwendig, nécessaire.
die Menschheit, l'humanité, f.
der Krieg, la guerre.
das Nahrungsmittel, l'aliment, m.

verdanken, devoir.
der Ackersmann, le cultivateur.
R. das Brod, le pain.
essen, v. ir. manger.
der Winzer, le vigneron.
der Wein, le vin.
trinken, v. ir. boire.
der Gärtner, le jardinier.
verschieden, différent.
das Gemüse, le légume.
die Traube, le raisin.
gedeihen, v. ir. prospérer.
überall, partout.
wo, où.
der Wohlgeruch, le parfum.
die Pomeranze, l'orange, f.
die Zitrone, le citron.
verbreiten, v. répandre.
der Mandelbaum, l'amandier, m.
der Lorbeer, le laurier.
blühen, v. fleurir.
die Rebe, la vigne.
der Norden, le Nord.
Schweden, la Suède.
liefern, v. fournir.
die Tanne, le sapin.
die Eiche, le chêne.
der Schiffbau, la construction des vaisseaux.
die Fabrike, la fabrique.
die Eisenbahn, le chemin de fer.
die Schweiz, la Suisse.
die Weide, le pâturage.
s. das Vieh, le bétail.
kömmt, vient, du v. ir. kommen.

der Berg, la montagne.
das Thal, la vallée.
die Gegend, la contrée.
das Ding, la chose.
die Ehre, l'honneur.
also, donc.
betrachten, v. regarder.
die Quelle, la source.
ernähren, v. nourrir.
das Vaterland, la patrie.
das Schwert, le glaive.
der Feind, l'ennemi, m.
die Grenze, la frontière.
bedrohen, v. menacer.
wer, qui.
entfernen, v. éloigner.
alsdann, alors.
das Unglück, le malheur.
trotzen, v. braver.
s. der Tod, la mort.
bedecken, v. couvrir.
die Wunde, la blessure.
opfern, v. sacrifier.
der Soldat, le soldat.
der Stand, l'état, m.
gefährlich, dangereux.

XXIV.

Der Mittelpunkt, le centre.
um... herum, autour.
der Planet, la planète.
drehen, v. tourner.
entfernt, éloigné.
die Million, le million.
die Meile, le mille.
Saturn, Saturne, m.
Jupiter, Jupiter, m.
es gibt, il y a.
sogar, même.

zusammen, ensemble.
der Trabant, le satellite.
folglich, par conséquent.
prächtig, magnifique.
sah, a vu, du v. ir. sehen.
der Sonnenaufgang, le lever
 du soleil.
so... als, aussi... que.
oft, souvent.
der Bewohner, l'habitant, m.
der Himmelskörper, le corps
 céleste.
dauern, v. durer.
die Stunde, l'heure, f.
jedoch, cependant.
sicher, sûr.
gewiß, certain.
bewohnt, habité.

XXV.

Der Nutzen, l'utilité, f.
nicht allein... sondern auch, non-
 seulement... mais encore.
s. das Fleisch, la viande, la
 chair.
hauptsächlich, principalement.
ernähren, v. nourrir.
der Geier, le vautour.
fressen, voir le n° XIX.
das Aas, la charogne, les
 cadavres.
der Rabe, le corbeau.
entfernen, v. éloigner.
so, de cette manière.
die Folge, la conséquence,
 la suite.
die Verwesung, la putréfac-
 tion.
schrecklich, terrible.

abgeſtorben, mort.
zerſetzen, v. décomposer.
vergiften, v. envenimer.
woher, d'où.
die Peſt, la peste.
die Krankheit, la maladie.
der Storch, la cicogne.
der Ibis, l'ibis, m.
tödten, v. tuer.
der Froſch, la grenouille.
die Eidechſe, le lézard.
die Schlange, le serpent.
der Habicht, l'autour, m.
er frißt, il mange, du v. ir. freſſen.
das Inſekt, l'insecte, m.
die Raupe, la chenille.
der Wurm, le ver, pl. die Würmer.
ſchädlich, nuisible.
das Feld, le champ.
die Beute, la proie.
bedienen, v. servir.
ehemals, autrefois.
der Falke, le faucon.
der Flaum, le duvet, pl. die Flaumen.
warm, chaud.
zart, tendre.
deßhalb, à cause de cela.
theuer, cher.
die Eidergans, l'oie du Nord.
die Inſel, l'île, f.
Norwegen, la Norvége.
der Petrel, le pétrel.
übermäßig, excessivement.
fett, gras.
anſtatt, au lieu.
die Lampe, la lampe.

ziehen, v. tirer.
der Dacht, la mêche.
durch, à travers.
anzünden, v. allumer.
brennen, v. ir. brûler.
das Licht, la chandelle.

XXVI.

s. Der Haß, la haine.
die Leidenſchaft, la passion.
gefährlich, dangereux.
ſchrecklich, terrible.
die Plage, le fléau.
der Krieg, la guerre.
erzeugen, v. faire naître.
das Handwerk, le métier.
die Widerrede, la contradiction.
blutig, sanglant.
nöthig, nécessaire.
zuweilen, quelquefois.
gerecht, juste.
unglücklicher Weiſe, malheureusement.
die Eroberung, la conquête.
der Zweck, le but.
der Eroberer, le conquérant.
ſtets, toujours.
der Feldherr, le capitaine (général en chef).
Cyrus, Cyrus, m.
der Perſer, le Persan.
wild, farouche.
Alexander, Alexandre.
voll, plein.
der Geiſt, l'esprit, m., pl. die Geiſter.
s. der Ehrgeiz, l'ambition, f.
die Eitelkeit, la vanité.

die Ruhmbegierde, le désir de gloire.
Hannibal, Hannibal.
veranlassen, v. occasionner.
der Untergang, la ruine, la perte.
das Vaterland, la patrie.
jener, ce.
mächtig, puissant.
reich, riche.
die Republik, la république.
Karthago, Carthage.
Cäsar, César.
berühmt, célèbre.
der Römer, le Romain.
der Mörder, l'assassin, m.
die Freiheit, la liberté.
alt, vieux, ancien.
die Welt, le monde.
Attila, Attila, m.
überschwemmen, v. inonder.
die Horde, la horde.
der Barbar, le barbare, pl. die Barbaren.
ebenso... als, aussi... que.
grausam, cruel.
verächtlich, méprisable.
Mahomet, Mahomet, m.
der Betrüger, l'imposteur, m.
noch, encore.
der Tyrann, le tyran, pl. die Tyrannen.
Karl der Große, Charlemagne.
verdienen, v. mériter.
allein, seul.
der Name, le nom.
die Geschichte, l'histoire, f.
gab, donna, du v. ir. geben.

lieh, prêta, du v. ir. leihen.
R. der Arm, le bras.
die Lehre, la doctrine.
das Evangelium, l'Évangile, m.
verbreiten, v. répandre.
das Christenthum, le christianisme.
s. das Glück, le bonheur.
die Bildung, la civilisation.
das Urtheil, le jugement.
der Held, le héros, pl. die Helden.
das Jahrhundert, le siècle.
gehören, v. appartenir.
die Nachwelt, la postérité.
der Kaiser, l'empereur, m.
Napoleon, Napoléon, m.

XXVII.

Babylon, Babylone, f.
bekannt, connu.
merkwürdig, remarquable.
der Thurm, la tour.
die Mauer, le mur, la muraille.
die Hauptstadt, la capitale.
das Wunderwerk, la merveille.
der Fuß, le pied.
breit, large.
der Wagen, la voiture.
der Platz, la place.
neben einander, l'un à côté de l'autre.
die Pyramide, la pyramide.
Egypten, l'Egypte, f.
A. das Denkmal, le monument.
die Zeit, le temps.

unten, en bas.
ungeheuer, énormément.
oben, en haut.
spitz, pointu.
gleichen, v.-ir. ressembler.
das Dreieck, le triangle.
höher, plus haut, comp. de
  hoch.
B. der Dom, la cathédrale.
zu, à, prép. avec le D.
Straßburg, Strasbourg, m.
daran, y.
arbeiten, v. travailler.
das Grab, le tombeau.
der Koloß, le colosse.
Rhodus, Rhode.
die Bildsäule, la statue.
das Erz, le bronze.
vorstellen, v, représenter.
beide, les deux.
das Bein, la jambe.
ruhen, v. reposer.
der Fels, le rocher, pl. die
  Felsen.
der Eingang, l'entrée, f.
A. der Hafen, le port.
der Finger, le doigt.

XXVIII.

Häßlich, vilain.
die Schlange, le serpent.
die Kröte, le crapaud.
die Riesenschlange, le serpent
  boa.
s. die Dicke, la grosseur.
stark, fort.
der Baumast, la branche
  d'arbre.
beinahe, presque.

lang, long.
der Wallfisch, la baleine.
erwürgen, v. étrangler.
der Löwe, le lion.
der Wald, la forêt, pl.
  die Wälder.
der Kampf, le combat.
verschlingen, v. dévorer.
das Kalb, le veau.
friedlich, paisible.
der Wanderer, le voyageur.
das Krokodil, le crocodile.
fürchterlich, terrible.
die Eidechse, le lézard.
bedeckt, couvert.
die Schuppe, l'écaille, f.
die Flintenkugel, la balle.
durchbohren, v. percer.
das Ungeheuer, le monstre.
wohnen, v. habiter.
s. das Schilf, le roseau.
der Nil, le Nil.
weiß, sait, du v. ir. wissen.
weinen, v. pleurer.
in der That, en effet.
vergießen, v. ir. répandre,
  verser.
die Thräne, la larme.
bevor, avant que.
morden, v. tuer.
gleichen, v. ir. ressembler.
der Heuchler, l'hypocrite, m.
die Zähre, la larme.
derjenige, celui-ci.
widrig, répugnant.
der Frosch, la grenouille.
dort unten, là-bas.
der Teller, l'assiette, f.
die Schildkröte, la tortue.

kömmt, vient, du v. ir. kom=
 men.
s. das Schildkrot, l'écail, f.
die Schachtel, la boîte.
eingeschlossen, enfermé.
der Tisch, la table.

XXIX.

s. Das Gedächtniß, la mé-
 moire.
das Geschenk, le don.
der Himmel, le ciel.
unentbehrlich, indispensable.
üben, v. exercer.
das Vermögen, la faculté.
der Geist, l'esprit, m.
hindern, v. empêcher.
vergessen, v. ir. oublier.
gelernt, appris.
gehört, entendu.
das Mittel, le moyen.
stärken, v. fortifier.
auswendig, par cœur.
lernen, v. apprendre.
es gab, il y avait.
erstaunlich, étonnant.
Pontus, Pont.
Namens, du nom.
Mithribat, Mithridate.
wußte, savait, du v. ir. wissen.
die Sprache, la langue.
der Kaiser, l'empereur, m.
Hadrian, Hadrien.
die Armee, l'arméo, f.
gelehrt, savant.
Joseph, Joseph.
Scaliger, Scaliger.
der Monat, le mois.
der Dichter, le poëte.

Griechenland, la Grèce.
gewiß, certain.
der Schauspieler, l'acteur, m.
England, l'Angleterre, f.
las, lisait, du v. ir. lesen.
das Buch, le livre.
das Ende, le bout, la fin.
das Testament, le testament.
behält, retient, du v. ir. be=
 halten.
zu gleicher Zeit, en même
 temps.
die Predigt, le sermon.
A. der Anfang, le commen-
 cement.
schätzbar, estimable.

XXX.

Der Wallfisch, la baleine.
schwimmen, v. ir. nager.
schnell, vite.
fing, prit, du v. ir. fangen.
das Gewicht, le poids.
der Zentner, le quintal.
kaum, à peine.
die Länge, la longueur.
wiegen, v. ir. peser.
selten, rarement.
der Elephant, l'éléphant, m.
der Riese, le géant.
erreichen, v. atteindre.
der Regimentstambour, le
 tambour-major.
die Seite, le côté.
gekrümmt, courbé.
schwer, lourd.
s. das Elfenbein, l'ivoire, m.
der Rüssel, la trompe.

das Meisterstück, le chef-d'œuvre.
die Schöpfung, la création.
ersetzen, v. remplacer.
die Hand, la main.
deren, dont.
bedienen, v. servir.
errichten, v. élever.
der Rücken, le dos.
der Thurm, la tour.
das Holz, le bois.
der Feind, l'ennemi, m.
das Treffen, le combat.
viel, beaucoup.
verstehen, v. comprendre.
lieben, v. aimer.
der Branntwein, l'eau-de-vie, f.

XXX'.

Einige, quelques.
der Berg, la montagne.
speien, v. ir. cracher, vomir
der Vulkan, le volcan.
bekannt, connu.
der Aetna, l'Etna, m.
Sicilien, la Sicile.
der Vesuv, le Vésuve.
die Stunde, la lieue.
Neapel, Naples.
Italien, l'Italie, f.
der Hekla, le mont Hécla.
die Insel, l'île, f.
Island, l'Islande. f.
die Geburt, la naissance.
der Herr, le seigneur.
Jesus Christus, Jésus-Christ.
unglücklich, malheureux.
der Bewohner, l'habitant, m.

der Fuß, le pied.
der Ausbruch, l'éruption, f.
damals, alors.
fürchterlich, terrible.
unter anderm, entre autres.
verschwanden, disparurent, du v. ir. verschwinden.
Herkulanum, Herculanum.
Pompeji, Pompéï.
die Oberfläche, la surface.
traurig, triste.
das Ereigniß, l'événement, m.
begann, commença, du v. ir. beginnen.
anhaltend, continuel.
das Erdbeben, le tremblement de terre.
der Donner, le tonnerre.
brüllen, v. mugir, gronder.
der Sturm, la tempête.
heulen, v. hurler, siffler.
die Luft, l'air, m.
der Schlund, le cratère.
spie, vomit, du v. ir. speien.
s. der Sand, le sable.
s. die Asche, la cendre.
A. der Boden, le sol.
um... herum, autour.
die Hälfte, la moitié.
eingehüllt, enveloppé.
die Finsterniß, l'obscurité, f.
zwei Uhr, deux heures.
der Nachmittag, l'après midi.

XXXII.

Peking, Pékin.
China, la Chine.
bevölkert, peuplé.

wenigstens, au moins.
die Million, le million.
der Einwohner, l'habitant, m.
zugleich, en même temps.
die Residenz, la résidence.
der Chinese, le Chinois.
rasieren, v. raser.
tragen, v. ir. porter.
der Zopf, la queue.
das Weib, la femme, pl. die Weiber.
einschnüren, v. lacer.
A. der Nagel, l'ongle, m.
der Reiche, le riche.
die Länge, la longueur.
der Finger, le doigt.
die Sitte, la coutume.
abgeschmackt, dégoûtant.
unbequem, incommode.
solch, tel.
verhindern, v. empêcher.
der Charakter, le caractère.
hochmüthig, altier.
kriechend, rampant.
wenig, peu.
thätig, actif.
der Eingeborne, le naturel (d'un pays).
der Sklave, l'esclave, m.
plump, lourd.
die Höflichkeit, la politesse.
der Freund, l'ami, m.
die Zeremonie, la cérémonie.
ebenso... als, aussi... que.
lächerlich, ridicule.
kleinlich, niais.
die Leute, les gens.
dick, gros.
der Bauch, le ventre.

das Verdienst, le mérite.
das Wort, le mot.
einsylbig, monosyllabe.
das Alphabet, l'alphabet.
bestehen, v. ir. consister.
der Buchstab, la lettre, pl. die Buchstaben.
das Schiff, le vaisseau.
das Ufer, le bord.
bewohnen, v. habiter.
die Nahrung, la nourriture.
hauptsächlich, principalement.
s. der Reis, le riz.
s. der Thee, le thé.

XXXIII.

Die Zierde, l'ornement, m.
A. der Garten, le jardin.
B. die Flur, les champs.
der Wald, la forêt, pl. die Wälder.
wachsen, v. ir. croître.
der Gipfel, le sommet.
die Tiefe, le fond.
das Thal, la vallée.
sogar, même.
die Wüste, le désert.
inmitte, au milieu, prép. avec le G.
der Teich, l'étang, m.
der See, le lac.
herrlich, superbe.
der Wohlgeruch, le parfum.
die Rose, la rose.
das Bild, l'image, f.
die Schönheit, la beauté.
die Jugend, la jeunesse.
das Blatt, la feuille.

frisch, frais.
die Knospe, le bouton.
halb, à demi.
erschlossen, épanoui.
gleichen, v. ir. ressembler.
schläft, dort, du v. ir. schlafen.
die Wiege, le berceau.
die Lilie, le lis.
s. der Schnee, la neige.
rein, pur.
der Flecken, la tache.
die Unschuld, l'innocence, f.
das Gewissen, la conscience.
aber, mais.
einfach, simple.
das Veilchen, la violette.
erquickend, restaurant.
das Herz, le cœur, pl. die
    Herzen.
verstecken, v. cacher.
unter, sous, prép. avec le
    D. et l'A.
die Hecke, la haie.
der Blick, le regard.
handeln, v. agir.
die Bescheidenheit, la modes-
    tie.
thun, v. ir. faire.
das Gute, le bien.
will, veut, du v. ir. wollen.
wisse, sache, du v. ir. wissen.

XXXIV.

Der Löwe, le lion.
der König, le roi.
voll, plein.
die Kraft, la force.
die Majestät, la majesté.
röthlich, rougeâtre.

die Mähne, la crinière.
funkeln, v. étinceler.
der Schweif, la queue.
lang, long.
fürchterlich, terrible.
anfangen. v. ir. commencer.
brüllen, v. rugir.
zittern v. trembler.
der Wald, la forêt.
vor, avant, prép. avec le D.
    et l'A.
die Kuh, la vache.
stark, fort.
der Tiger, le tigre.
die Haut, la peau.
gefleckt, tacheté.
wild, farouche.
gefräßig, vorace.
beide, tous deux.
s. die Art, l'espèce, f.
die Katze, le chat.
die Hiäne, l'hyène, f.
kaum, à peine.
das Schwein, le porc.
blutdürstig, sanguinaire.
beständig, continuellement.
s. die Wuth, la rage.
zerreißen, v. ir. dévorer.
athmen, v. respirer.
der Wolf, le loup.
heulen, v. hurler.
verlassen, v. ir. quitter.
s. das Thor, la porte.
schleichen, v. ir. glisser.
sogar, même.
das Dorf, le village.
anfallen, v. ir. attaquer.
dringen, v. ir. pénétrer.
der Kirchhof, le cimetière.

ausgraben, v. ir. déterrer.
die Leiche, le cadavre.

XXXV.

Entdecken, v. découvrir.
der Genuese, le Génois.
Christoph, Christophe.
Columbus, Colomb.
der Seemann, le marin.
reisen, v. voyager.
die Gewißheit, la certitude.
neu, nouveau.
die Welt, le monde.
geben, v. ir. donner.
einige, quelques.
das Schiff, le vaisseau.
der Soldat, le soldat.
eurig, vôtre.
der Fürst, le prince.
der Höfling, le courtisan.
lachen, v. rire.
der Narr, le fou, pl. die Narren.
dies, ceci.
dauern, v. durer.
erhielt, obtint, du v. ir. erhalten.
endlich, enfin.
Isabella, Isabelle.
Spanien, Espagne.
nach, après, prép. avec le D.
die Gefahr, le danger.
die Widerwärtigkeit, l'adversité, f.
der Welttheil, la partie du monde.
undankbar, ingrat.
gegen, envers prép. avec l'A.
die Belohnung, la récompense.

sollen, v. ir. devoir.
anstatt, au lieu.
die Ehre, l'honneur, m.
die Kette, la chaîne.
starb, mourut, du v. ir. sterben.
verläumbet, calomnié.
verfolgt, persécuté.
arm, pauvre.
das Testament, le testament.
begraben, v. ir. enterrer.
belohnen, v. récompenser.
als, que.
vergessen, v. ir. oublier.
handeln, agir.
der Wohlthäter, le bienfaiteur.

XXXVI.

Beinahe, presque.
der Fluß, la rivière.
durchziehen, v. ir. traverser.
heißen, v. ir. se nommer.
die Seine, la Seine.
finden, v. ir. trouver.
die Hauptstadt, la capitale.
auszeichnen, v. distinguer.
der Geschmack, le goût.
der Geist, l'esprit, m.
die Annehmlichkeit, l'agrément, m.
angenehm, agréable.
bequem, commode.
ausgesucht, exquis.
außerordentlich, extraordinairement.
höflich, poli.
der Mittelpunkt, le centre.
die Vereinigung, la réunion.
die Berühmtheit, la célébrité.

der Schriftsteller, l'écrivain, m.
der Gelehrte, le savant.
der Staatsmann, l'homme d'Etat, m.
bewohnen, v. habiter.
das Schauspielhaus, le théâtre.
die Bibliothek, la bibliothèque.
die Kunstausstellung, l'exposition des arts, f.
einzig, unique.
das Ufer, le bord.
die Temse, la Tamise.
das Waarenlager, le magasin.
auspacken, v. déballer.
einpacken, v. emballer.
kaufen, v. acheter.
verkaufen, v. vendre.
daselbst, y.
feucht, humide.
traurig, triste.
einförmig, monotone.
dagegen, au contraire.
das Aussehen, l'aspect, m.

XXXVII.

s. Das Glück, le bonheur.
beten, v. prier (Dieu).
das Bedürfniß, le besoin.
unser, notre.
die Kirche, l'église, f.
die Freistätte, l'asile, m.
das Gebet, la prière.
die Seele, l'âme, f.
sich niederwerfen, v. ir. se prosterner.
vor, devant.
die Zunge, la langue.

segnen, v. bénir.
der Tempel, le temple.
der Heide, le païen.
prachtvoll, magnifique.
das Gebäude, l'édifice, m.
der Schöpfer, le créateur.
widmen, v. dédier.
Memphis, Memphis, f.
Baal, Baal.
Babylon, Babylone.
die Insel, l'île.
Elephanta, Éléphante.
Ostindien, les Indes orientales.
Diana, Diane, f.
Ephesus, Ephèse.
berühmt, célèbre.
das Alterthum, l'antiquité.
Salomo, Salomon.
Jerusalem, Jérusalem, f.
reich, riche.
zu gleicher Zeit, en même temps.
merkwürdig, remarquable.
einzig, seul.
wahr, vrai.
anbeten, v. adorer.
die Christenheit, la chrétienté.
heilig, saint.
Petrus, Pierre, m.
zu, à.
Rom, Rome, f.

XXXVIII.

Essen, v. ir. manger.
trinken, v. ir. boire.
die Nothwendigkeit, la nécessité.
kleiden, v. vêtir.

s. die Liebe, l'amour.
das Vergnügen, le plaisir.
s. die Pracht, le luxe.
der Beweggrund, le motif.
der Handel, le commerce.
blos, simplement.
s. der Tausch, l'échange.
der Jäger, le chasseur.
vertauschen, v. échanger.
s. das Wildpret, le gibier.
gegen, contre, prép. avec l'A.
die Frucht, le fruit.
der Ackersmann, le laboureur.
der Phönizier, le Phénicien.
das Leder, le cuir.
s. der Purpur, le pourpre.
s. das Zinn, l'étain, m.
der Spanier, l'Espagnol.
gaben, donnaient, du v. ir. geben.
der Amerikaner, l'Américain.
der Spiegel, le miroir.
die Flinte, le fusil.
das Geld, l'argent.
die Unannehmlichkeit, l'inconvénient, m.
erfand, inventa, du v. ir. erfinden.
seit, depuis, prép. avec le G.
der Gebrauch, l'usage, m.
bezahlen, v. payer.
anfangs, d'abord.
die Waare, la marchandise.
der Silberbarren, le lingot d'argent.
abwog, pesa, du v. ir. abwiegen.

kaufen, v. acheter.
schon, déjà.
A. der Acker, le champ.
genannt, nommé.
um, pour.
n. das Pfund, la livre.
s. das Silber, l'argent.
die Wage, la balance.
die Münze, la monnaie.
s. das Kupfer, le cuivre.
spät, tard.
noch, encore.
s. das Gold, l'or, m.
trugen, portèrent, du v. ir. tragen.
das Gepräge, l'empreinte, f.
z. B., par exemple.
das Lamm, l'agneau, m.
Persien, la Perse.
das Bildniß, le portrait.
sah, vit, du v. ir. sehen.

XXXIX.

Moses, Moïse.
der Auserwählte, l'élu, m.
der Prophet, le prophète.
je, jamais.
sichtbarlich, visiblement.
leiten, v. conduire.
der Dienst, le service.
der Allmächtige, le Tout-Puissant.
s. das Wohl, le bien.
das Volk, le peuple.
der Hohepriester, le pontife.
der Bund, l'alliance, f.
vergessen, v. ir. oublier.
verlangen, v. exiger.
das Böse, le mal.

die Religion, la religion.
abscheulich, abominable.
der Götzendienst, l'idolâtrie, f.
beweinen, v. pleurer.
die Sünde, le péché.
die Blindheit, l'aveuglement.
A. der Bruder, le frère.
beten, v. prier.
vergab, pardonna, du v. ir. vergeben.
der Gerechte, le juste.
in der That, en effet.
verschwunden, disparu.
zerfallen, v. ir. tomber.
die Trümmer, la ruine.
erhalten, v. ir. conserver.
der Gesetzgeber, le législateur.
empfieng, reçut, du v. ir. empfangen.
das Gesetz, la loi.
der Vorläufer, le précurseur.

XL.

Thätig, actif.
die Biene, l'abeille, f.
fliegen, v. ir. voler.
die Blume, la fleur.
der Schmetterling, le papillon.
genießen, v. ir. jouir.
ergötzen, v. amuser.
beschäftigen, v. occuper.
bereiten, v. préparer.
der Honig, le miel.
obschon, quoique.
Eier legen, pondre des œufs.
ebendieser, ce même.
das Uebel, le mal.

geben, v. ir. donner.
die Raupe, la chenille.
der Seidenwurm, le ver à soie.
herrlich, magnifique.
R. der Stoff, l'étoffe.
die Seide, la soie.
unansehnlich, chétif.
die Ameise, la fourmi.
recht, bien.
arbeitsam, laborieux.
der Weihrauch, l'encens, m.

XLI.

Der Erfinder, l'inventeur, m.
der Buchstab, la lettre.
bekannt, connu.
wahrscheinlich, vraisemblablement.
die Sündfluth, le déluge.
das Zeichen, le signe, le caractère.
deren, dont.
bedienen, v. servir.
schreiben, v. ir. écrier.
der Indier, l'Indien, m.
der Araber, l'Arabe.
der Chinese, le Chinois.
der Jude, le Juif.
der Grieche, le Grec.
der Römer, le Romain.
verschieden, différent.
das Papier, le papier.
drucken, v. imprimer.
empfieng, a reçu, du v. ir. empfangen.
die Staude, l'arbuste, m.
bereiten, v. préparer.

die Wurzel, la racine.
der Lumpen, le chiffon.
abschreiben, v. ir. copier.
ehemals, autrefois.
theuer, cher.
selten, rare.
Johannes, Jean.
erfand, inventa, du v. ir.
erfinden.
die Kunst, l'art, m.
Fust, Fust.
Schäffer, Schæffer.
Mainz, Mayence.
die Geburtsstadt, la ville natale.
der Vortheil, l'avantage, m.
die Wissenschaft, la science.
der Nutzen, l'utilité, f.

XLII.

Dritt, troisième.
unmittelbar, immédiatement
nach, après, prép. avec le D.
London, Londres.
die Türkei, la Turquie.
gelegen, situé.
s. der Handel, le commerce.
säumen, v. border.
das Ufer, le rivage.
heiter, serein.
der Boden, le sol.
die Umgegend, les entours.
fruchtbar, fertile.
die Straße, la rue.
eng, étroit.
gepflastert, pavé.
die Moschee, la mosquée.
erbaut, construit.
zu Ehren, en l'honneur.

Sophia, Sophie.
die Vorstadt, le faubourg.
n. das Thor, la porte.
die Mauer, le mur.
merkwürdig, remarquable.
der Thurm, la tour.
das Serail, le sérail.
das Schloß, le château, le
palais.
die Pforte, la Porte.
der Wohnsitz, le séjour.
der Gesandte, l'ambassadeur,
m.
der Kaufmann, le marchand.
überhaupt, généralement.
der Christ, le Chrétien.
der Türke, le Turc.
hassen, v. haïr.
verfolgen, v. persécuter.

XLIII.

Die Musik, la musique.
vielleicht, peut-être.
angenehm, agréable.
beleben, v. animer.
das Herz, le cœur, pl. die
Herzen.
stärken, v. fortifier.
der Nerv, le nerf, pl. die
Nerven.
erheben, .. ir. élever.
die Seele, l'âme, f.
vergißt, oublie, du v. ir.
vergessen.
das Leiden, la souffrance.
der Ton, le son.
erklingen, v. ir. retentir.
etwas, quelque chose.
erhaben, sublime.

die Stimme, la voix.
die Orgel, l'orgue, m,
das Regiment, le régiment.
vorüberziehen, v. ir. passer.
welch, quel.
die Freude, la joie.
A. der Gesang, le chant.
mehrere, plusieurs.
die Begleitung, l'accompagnement, m.
das Instrument, l'instrument, m.
das Klavier, le piano.
vollkommen, parfait.
die Geige, le violon.
rein, pur.
die Flöte, la flûte.
zart, doux.
der Hirt, le pâtre, pl. die Hirten.
das Horn, le cor.
kräftig, énergique.
schwermüthig, mélancolique
der Wiederhall, l'écho, m.
der Jäger, le chasseur.
s. der Schall, le son, le bruit.
die Trommel, le tambour.
die Trompete, la trompette.
vermehren, v. augmenter.
s. der Lärm, le bruit, le tumulte.
das Schlachtfeld, le champ de bataille.

XLIV.

Der Dichter, le poëte.
der Zeitgenosse, le contemporain.

das heißt, c'est-à-dire.
ohngefähr, à peu près.
die Jugend, la jeunesse.
wurde, devint, du v. ir. werden.
der Auserwählte, l'élu, m.
spielen, v. jouer.
die Harfe, la harpe.
der Zauber, le charme.
das Gedicht, le poëme, pl. die Gedichte, les poésies.
der Psalm, le psaume, pl. die Psalmen.
singen, v. ir. chanter.
s. das Lob, les louanges.
blind, aveugle.
Griechenland, la Grèce.
die Geburtsstadt, la ville natale.
unbekannt, inconnu.
das Werk, l'œuvre, f.
die Ilias, l'Iliade, f.
die Odyssee, l'Odyssée, f.
unglücklicher Weise, malheureusement.
der Heide, le païen.
streiten, v. ir. disputer, quereller.
weinen, v. pleurer.
der Aufgang, le lever.
einfach, simple.
prachtvoll, magnifique.
verkünden, v. annoncer.
die Morgenröthe, l'aurore, f.

XLV.

Davalagiri, Dhawala-Giri.
bedeuten, v. signifier.
das Geschöpf, la créature.

er ißt, il mange, da v. ir. essen.
grüßen, v. saluer.
das Wesen, l'être, m.
hoch, haut.
geduldig, patient.
ungestraft, impunément.
beleidigen, v. insulter.
die Natur, la nature.
unter, sous, prép. avec le
    D. et l'A.
das Tach, le toit.
das Kleid, l'habit, m.
heiß, chaud.
die Heimath, le pays (natal).
die Haube, le bonnet.
s. der Schnee, la neige.
sich schützen, v. se mettre à
    couvert.

XLVI.

Glänzend, luisant.
rein, pur.
die Perle, la perle.
das Eisen, le fer.
s. der Anschein, l'apparence, f.
nothwendig, nécessaire.
weder... noch, ni... ni.
ackern, v. labourer.
bauen, v. bâtir.
das Metall, le métal.
stolz, fier.
die Haltung, la tenue.
bewundernswürdig, admira-
    ble.
das Schaaf, la brebis.
furchtsam, timide, craintif.
s. die Wolle, la laine.
verschaffen, v. procurer.
der Theil, la partie.

das Kleidungsstück, le véte-
    ment.
der Wuchs, le port.
die Ceder, le cèdre.
herrlich, superbe.
der Schatten, l'ombre, f.
der Palmbaum, le palmier.
Damaskus, Damasque.
berauschend, enivrant.
die Frucht, le fruit.
das Feld, le champ.
einfach, simple.
bescheiden, modeste.
der Anspruch, la prétention.
selbst, même.
wenig, peu.
beachtet, considéré.
ander, autre.
n. das Brod, le pain.
beurtheilen, v. juger.
das Ding, la chose.
der Schein, l'apparence, f.
sondern, mais.
s. der Werth, la valeur.

XLVII.

Dieß, ce.
die Nacht, la nuit.
hell, clair.
warm, chaud.
der Stern, l'étoile, f.
der Baum, l'arbre, m.
der Fittig, l'aile, f.
durch, à travers, prép. avec
    l'A.
die Luft, l'air, m.
der Strahl, le rayon, pl.
    die Strahlen.
n. der Mond, la lune.

fallen, v. ir. tomber.
der Blick, le regard.
der Grashalm, le brin d'her-
    be.
wiegen, v. ir. bercer.
s. der Thau, la rosée.
die Freudenthräne, la larme
    de joie.
welch, quel.
die Stille, le silence.
hören, v. entendre.
das Rauschen, le bruit.
der Bach, le ruisseau.
die Ferne, le lointain.
wagen, v. oser.
athmen, v. respirer.
die Bewegung, le mouve-
    ment.
der Wurm, le ver, pl. die
    Würmer.
horchen, v. écouter.
melodisch, mélodieux.
A. der Gesang, le chant.
die Nachtigall, le rossignol.
der Ton, le son.
zart, doux.
klagend, plaintif.
gleichen, v. ir. ressembler.
der Seufzer, le soupir.
verloren, perdu.
weinen, v. pleurer.
der Schmerz, la douleur, pl.
    die Schmerzen.
der Tag, le jour.

XLVIII.

Das Gebäude, le bâtiment.
schaufeln, v. balancer.
dort unten, là-bas.

die Welle, l'onde, f.
jetzt, maintenant.
einlaufen, v. ir. entrer 'en
    parlant d'un vaisseau.)
A. der Hafen, le port.
das Kriegsschiff, le vaisseau
    de guerre.
das Haus, la maison.
vorn, par-devant.
hübsch, joli.
das Fenster, la fenêtre.
der Altan, le balcon.
längs, le long.
die Seite, le côté.
die Oeffnung, l'ouverture, f.
das Loch, le trou.
die Mündung, l'embouchu-
    re, f., la bouche.
die Kanone, le canon.
erblicken, v. apercevoir.
R. der Mast, le mât.
erheben, v. ir. élever.
die Mitte, le milieu.
ungeheuer, énorme.
der Baum, l'arbre, m.
aufsteigen, v. ir. monter.
absteigen, v. ir. descendre.
das Tackelwerk, les cordages.
das Ende, la fin.
blos, simplement.
da, là.
das Segel, la voile.
der Flügel, l'aile, f.
das Schiff, le vaisseau.
gleichen, v. ir. ressembler.
ferne, loin.
die Wolke, la nuée.
krönen, v. couronner.
solch, tel.

gewöhnlich, ordinairement.
der Kapitän, le capitaine.
der Steuermann, le pilote.
der Matrose, le matelot.
der Passagier, le passager.
die Wohnung, le logement.
die Leute, les gens.
der Stall, l'écurie, f.
die Ziege, la chèvre.
der Platz, la place.
die Waare, la marchandise.
die Lebensmittel, les vivres.

XLIX.

Etwas, quelque chose.
eigen, propre.
der Charakter, le caractère.
die Stärke, la force.
s. der Fleiß, la diligence.
darum, par cette raison.
fleißig, diligent.
der Hahn, le coq.
wachsam, vigilant.
krähen, v. chanter (en parlant du coq).
der Anbruch, l'aube, f.
der Luchs, le lynx.
schlau, rusé.
der Fuchs, le renard.
die Katze, le chat.
falsch, faux.
getreu, fidèle.
die Taube, la colombe.
unschuldig, innocent.
grausam, cruel.
der Esel, l'âne, m.
dumm, stupide.
der Pfau, le paon, pl. die
  Pfauen.

hoffärtig, orgueilleux.
die Ameise, la fourmi.
geschäftig, laborieux.
der Bär, l'ours, m. pl. die
  Bären.
plump, lourd.
der Affe, le singe.
nachahmen, v. imiter.
nachäffen, v. singer.
die Eigenschaft, la qualité.
das Kameleon, le caméléon.
wechseln, v. changer.
beständig, continuellement.
ohne, sans, prép. avec l'A.
der Grundsatz, le principe.
der Augenblick, le moment.
die Meinung, l'opinion.
die Wetterfahne, la gi-
  rouette.
das Spiel, le jeu, le jouet.
der Wind, le vent.

L.

Fest, solide.
flüssig, liquide.
hart, dur.
weich, mou.
umso...je, d'autant plus...que.
schwer, lourd.
leicht, léger.
die Platina, la platine.
das Gewicht, le poids.
wiegen, v. ir. peser.
das Loth, la demi-once.
das Längenmaß, la mesure
  de longueur.
ausmessen, v. ir. toiser,
  mesurer.
der Zoll, le pouce.

die Elle, l'aune., f.
das Feld, les champs.
die Ruthe, la perche.
dicht, compacte.
das Oel, l'huile.
das Maß, la mesure.
der Schoppen, la chopine.
der Fall, le cas.
darum, pour cette raison.
die Naturlehre, la physique.
unwägbar, impondérable.
n. der Stoff, la matière.
mittelst, au moyen, prép. avec le G.
der Druck, la compression.
mit Hilfe, à l'aide.

LI.

Es gibt, il y a.
einige, quelques.
der Zustand, l'état, m.
die Erstarrung, l'engourdissement, m.
die Aehnlichkeit, la ressemblance.
der Schlaf, le sommeil.
der Winterschläfer, l'animal hibernant.
möglich, possible.
fliehen, v. ir. fuir.
herannahen, v. approcher.
das Moos, la mousse.
suchen, v. chercher.
das Loch, le trou.
die Mauer, le mur.
sich befinden, v. ir. se trouver.
das Lager, la couche.
bereiten, v. préparer.

die Witterung, le temps.
zurückziehen, v. ir. retirer.
die Wohnung, la demeure.
anfangen, v. ir. commencer.
schlafen, v. ir. dormir.
erwachen, v. se réveiller.
die Schwalbe, l'hirondelle.
wählen, v. choisir.
hohl, creux.
die Flebermaus, la chauve-souris.
verbergen, v. ir. cacher.
die Spalte, la fente.
der Fels, le rocher.
der Hinterfuß, la patte de derrière.
ankleben, v. coller.
oft, souvent.
abgelegen, écarté.
der Steinbruch, la carrière.
sich verkriechen, v. ir. se cacher.
verfallen, v. ir. tomber en ruine.
der Igel, l'hérisson.
der Hamster, le hamster.
sich verstecken, v. se terrer.
die Hecken, les broussailles.
n. der Dachs, le blaireau.
der Bau, le terrier.
das Schmalz, la graisse.
das Murmelthier, la marmotte.
Savoyen, la Savoie.
die Kälte, le froid.
der Gletscher, le glacier.
zart, délicat.
die Körperbeschaffenheit, l'organisation, f.

ertragen, v. ir. supporter.
sonst, sans cela.
deßhalb, pour cette raison.
bemerken, v. observer.

LII.

Die Anzahl, le nombre.
bewundern, v. admirer.
zieren, v. orner.
die grünen Saaten, les ver-
    dures, f.
einathmen, v. respirer.
aushauchen, v. exhaler.
s. das Obst, le fruit.
die Leute, les gens.
der Markt, le marché.
bringen, v. ir. apporter.
erstaunen, v. étonner.
der Reichthum, la richesse.
die Fruchtbarkeit, la fertilité.
eigenthümlich, propre.
das Erzeugniß, le produit.
meist, la plupart
das Kraut, l'herbage, m.
fremd, étranger.
die Gegend, la contrée.
kommen, v. ir. venir.
dann, alors.
die Mandel, l'amande, f.
durchlöchert, troué.
die Schale, l'écorce, f.
die Sparchel, l'asperge, f.
die Kirsche, la cerise.
süß, doux.
die Erstlinge, les prémices, f.
verpflanzen, v. transplanter.
die Kastanie, la châtaigne.
stammen, v. tirer son ori-
    gine.

Kleinasien, l'Asie mineure.
das Rothkraut, les choux
    rouges.
die Heimath, le sol natal.
der Kirbis, la citrouille.
asiatisch, asiatique.
die Gurke, la concombre.
Spanien, l'Espagne.
die Bohne, l'haricot, m.
der Weise, le sage.
verbieten, v. ir. défendre.
der Pfirsich, la pêche.
die Pflaume, la prune.
jährlich, tous les ans.
bezahlen, v. payer.
die weiße Rübe, le navet.
die Linse, la lentille.
die gelbe Rübe, la carotte.
die Birne, la poire.
französisch, français.

LIII.

Die Seite, le côté.
unentbehrlich, indispensable.
verschaffen, v. procurer.
verschönern, v. embellir.
sollen, v. devoir.
undankbar, ingrat.
der Handel, le commerce.
das Gewerbe, le métier.
gesellschaftlich, social.
unberechenbar, incalculable.
wohnen, demeurer.
der Zimmermann, le char-
    pentier.
der Stuhl, la chaise.
der Schrank, l'armoire, f.
der Schreiner, le menuisier.
der Tischler, l'ébéniste, m.

die Bettstatt, le bois de lit.
der Sessel, le fauteuil.
der Schreibpult, le secrétaire
das Ruhebett, le sofa.
kleiden, v. habiller.
der Schneider, le tailleur.
der Schuster, le cordonnier.
müssen, v. ir. être obligé.
barfuß, nu-pieds.
bekannt, connu.
der Wagner, le charron.
das Rad, la roue.
jemals, jamais.
der Schmidt, le maréchal.
nützen, v. être utile.
hinter, derrière.
sicher, en sûreté.
bedürfen, v. avec le G., avoir
   besoin.
freilich, certes.
der Sattler, le sellier.
der Dreher, le tourneur.
entbehren, v. avec le G. se
   passer.
schlecht, mal.
zieren, v. orner.
das Geschirr, la batterie de
   cuisine.
der Spengler, le ferblantier.
der Dieb, le voleur.
henken, v. pendre.
der Seiler, le cordier.
der Strick, la corde.
liefern, v. fournir.
entbehrlich, superflu.
der Koch, le cuisinier.
der Bäcker, le boulanger.
der Metzger, le boucher.
der Maurer, le maçon.

sich unterziehen, v. ir. avec
   le D., se charger.

LIV.

Das Studium, l'étude, f.
die Naturgeschichte, l'histoire
   naturelle, f.
hoch, haut.
die Wichtigkeit, l'importance.
das Thierreich, le règne animal.
der Naturforscher, le natura-
   liste.
bieten, v. ir. offrir.
der Beobachter, l'observa-
   teur.
der Stoff, la matière.
die Unterhaltung, l'amuse-
   ment.
die Belehrung, l'instruction, f.
Aristoteles, Aristote.
der Weltweise, le philosophe.
Stagyra, Stagyre.
Mazedonien, Macédoine.
weitläufig, largement.
die Naturwissenschaften, les
   sciences naturelles.
der Lehrer, le précepteur.
der Freund, l'ami, m.
sterben, v. ir. mourir.
Plinius, Pline.
beschäftigen, v. occuper.
derselbe, le même.
der Abgrund, l'abîme, m.
fiel, du v. ir. fallen, tomber.
von nahem, de près.
beobachten, v. observer.
der Schwede, le Suédois.
der Professor, le professeur.

die Hochschule, l'université f.
der Botaniker, le botaniste.
die Erdkunde, la géologie.
die Naturlehre, la physique.
verstehen, v. comprendre.
der Fortschritt, le progrès.
die Sternkunde, l'astronomie, f.
erhalten, v. ir. obtenir.
heutig, de nos jours.

LV.

Gesund, bien portant.
bleiben, v. ir. rester.
gutes Wetter, beau temps.
schlechtes Wetter, mauvais temps.
veranlassen, v. occasionner.
die Krankheit, la maladie.
der Schnupfen, le rhume.
der Husten, la toux.
minder, moins.
bedeutend, important.
die Hitze, la chaleur.
die Kälte, le froid.
neulich, dernièrement.
das Gewitter, l'orage, m.
der Blitz, l'éclair, m.
der Donnerschlag, le coup de foudre.
folgen, v. suivre.
der Wolkenbruch, la nuée qui crève.
der folgende Tag, le lendemain.
krank werden, tomber malade.
der Kranke, le malade.
der Blitzableiter, le paratonnerre.

kalt, froid.
der Reif, le frimas.
herabfallen, v. ir. tomber.
der Eiszapfen, la chandelle de glace.
die Wiese, la prairie.
gefrieren, v. ir. geler.
sich freuen, v. se réjouir.
die Jugend, la jeunesse.
die Schrittschuhe, les patins, m.
das Gegentheil, le contraire.
finden, v. ir. trouver.
die Leute, les gens, f.
das Glatteis, le verglas.
gebrochen, du v. ir. brechen, casser.
der Krüppel, l'estropié, m.
erkälten, v. refroidir.
taub, sourd.
scheel, borgne.
sich vorstellen, v. s'imaginer.
der Taubstumme, le sourd-muet.
Schrittschuh-laufen, v. ir. patiner.
entsetzlich, horriblement.
in Folge, à la suite.
der Sturz, la chute.
bucklig, bossu.
hinken, v. boiter.

LVI.

Tragen, v. ir. porter.
zuweilen, quelquefois.
unverbrennbar, incombustible.
waschen, v. ir. blanchir.
werfen, v. ir. jeter.

statt, au lieu.
der Stoff, la matière.
die Wolle, la laine.
der Hanf, le chanvre.
die Baumwolle, le coton.
der Flachs, le lin.
sondern, mais.
merkwürdig, remarquable.
A. der Faden, le fil.
spinnen, v. ir. filer.
lassen, v. ir. laisser.
der Asbest, l'asbest, m.
verfertigen, v. fabriquer.
die Waffe, l'arme, f.
das Messer, le couteau.
der Säbel, le sabre.
n. der Dolch, le poignard.
die Lanze, la lance.
die Woge, la vague.
hin und her, çà et là.
so daß, de manière que.
die Matratze, le matelas.
rasieren, v. faire la barbe.
der Hals, le cou.
abschneiden, v. ir. couper.
das Schermesser, le rasoir.
den Bart abmachen, faire la barbe.
der Bimsstein, la pierre-ponce.
das Korkholz, le liége.
der Stöpfel, le bouchon.
mittelst, au moyen.
die Tafel, le tableau.
die Kreide, la craie.
Dänemark, le Danemarc.
von weitem, de loin.
in der Nähe, de près.
betrachten, v. voir.

der Gipfel, la cime.
A. der Boden, le terrain.
bestehen, v. ir. consister.
die Steinkohle, le charbon de terre, la houille.
die Menge, la quantité.
das Bergwerk, la mine.
gerade, justement.
g'att, poli.

LVII.

Entfernt, éloigné.
der Löffel, la cuiller.
die Gabel, la fourchette.
der Stuhl, la chaise.
die Lehne, le dos (de la la chaise).
das Bett, le lit, pl. die Betten.
bestanden du v. ir. bestehen, consister.
der Strohsack, la paillasse.
die Matratze, le matelat.
das Kissen, le coussin.
die Decke, la couverture.
der Vorhang, le rideau.
das Betttuch, le drap de lit.
spät, tard.
der Krug, la cruche.
der Becher, la coupe.
der Topf, le pot.
die Lampe, la lampe.
scheinen, v. ir. paraître.
frühe, de bonne heure.
geschmackvoll, d'un bon goût.
das Porzellan, la porcelaine.
der Käfigt, la cage.
übel, mauvais.
die Gewohnheit, l'habitude, f.
einsperren, v. enfermer.

die Freiheit, la liberté.
berauben, v. avec le G. priver.
allgemein, généralement.
verbreiten, répandre.
der Papagei, le perroquet.
lehren, v. enseigner.
die Elster, la pie.
der Rabe, le corbeau.
der Staar, le sansonnet.
die Leuchte, la lanterne.
bereits, déjà.
beim hellen Tage, en plein jour.
suchen, v. chercher.
die Chokolade, le chocolat.
der Häring, le hareng.
Römisch, romain.
der Schlemmer, le gastronome.
der Aal, l'anguille.
die Forelle, la truite.
ungemein, infiniment.
die Auster, l'huître.

LVIII.

Der Eigenthümer, le propriétaire.
das Landhaus, la maison de campagne.
der Vetter, le cousin.
der Arzt, le médecin.
der Reichthum, la richesse, pl. Reichthümer.
besitzen, v. ir. posséder.
geschickt, habile.
wohlthätig, bienfaisant.
gegen, envers.
der Arme, le pauvre.

die Viertelstunde, le quart d'heure.
hier, ici.
unweit, non loin.
die Maierei, la ferme.
vierzehn Tage, quinze jours.
der Wasserfall, la cascade.
bewundern, v. admirer.
umgeben, entouré.
die Erle, l'aune. m.
die Birke, le bouleau.
die Mühle, le moulin.
erinnern, v. souvenir.
der Müller, le meunier.
voriges Jahr, l'année passée
der Fußweg, le sentier.
zeigen, v. montrer.
eher, plutôt.
die Landstraße, le grand chemin.
A. der Graben, le fossé.
der Sumpf, le bourbier.
die Heide, la bruyère.
der Kies, le gravier.
der Umweg, le détour.
lustig, joyeux.
das Grün, la verdure.
würzen, v. embaumer.
pflücken, v. cueillir.
genießen, v. ir. jouir de.
lustwandeln, v. se promener.
der Rand, le bord, pl. die Ränder.
der Bach, le ruisseau.
der Thymian, le thym.
das Vergißmeinnicht, le germandré.
bescheiden, modeste.

das Maienblümchen, le muguet.

besäen, v. parsemer.

das Maßliebchen, la marguerite.

das Schlüsselblümlein, la primevère.

der Weidenbaum, le saule.

die Pappel, le peuplier.

A. der Acker, le champ.

die Kornblume, le bluet.

die Klatschrose, le coquelicot.

grüßen, v. saluer.

unschuldig, innocent.

das Lächeln, le rire.

die Tulpe, la tulipe.

die Levkoie, la giroflée.

die Sonnenblume, le tournesol.

die Distel, le chardon.

der Mist, le fumier.

LIX.

Das Schießpulver, la poudre à canon.

die Umwandlung, le changement.

hervorbringen v ir produire.

deutsch, allemand.

der Mönch, le moine.

Freiburg, Fribourg.

Der Geistliche, l'ecclésiastique, m.

die Goldmacherei, l'alchimie, f.

die Kohle, le charbon.

der Salpeter, le salpêtre.

mengen, v. mêler.

der Funke, l'étincelle, f.

das Gemisch, l'amalgame, f.

entzünden, v. enflammer.

der Knall, l'éclat, m.

unbedeutend, insignifiant.

der Umstand, la circonstance.

abhängen, v. ir. dépendre.

die Umgestaltung, la transformation.

das Kriegswesen, l'art de faire la guerre.

das Schwert, le glaive.

der Pfeil, la flèche.

A. der Bogen, l'arc, m.

die Armbrust, l'arbalète, f.

der Spieß, la pique.

der Helm, le casque.

der Schild, le bouclier.

das Mittelalter, le moyen âge.

die Streitaxt, la hache d'armes.

der Streitkolben, la massue.

erschlagen, v. ir. tuer.

der Säbel, le sabre.

die Flinte, le fusil.

bestehen, v. ir se composer.

der Lauf, le canon de fusil.

der Ladstock, la baguette.

der Kolben, la crosse.

das Schloß, la platine.

zusammengesetzt, composé.

der Hahn, le chien.

die Zündpfanne, le bassinet.

das Zündloch, la lumière.

der Drücker, la détente.

die Patrontasche, la giberne.

die Patrone, la cartouche.

das Fußvolk, l'infanterie.

die Reiterei, la cavalerie.

die Pistole, le pistolet.
die Fahne, le drapeau.
der Obrist, le colonel.
die Hauptleute, pl. de
der Hauptmann le capitaine.
das Lager, le camp.
das Zelt, la tente.
die Schildwache, le faction-
  naire.
das Schilderhaus la guérite.
die Belagerung, le siége.
die Festung, la forteresse.
der Sturm, l'assaut, m.
einnehmen, v. ir. prendre.
schützen, v. garantir.

LX.

Die Tochter la fille.
die Gattin, l'épouse, f.
regieren, v. régner sur…
die Wittwe, la veuve.
die Klugheit, la prudence.
die Unterwelt les enfers.
der Oheim, l'oncle.
die Schwester, la sœur.
die Muhme, la tante.

die Krone, la couronne.
das Haupt, le chef.
auf Befehl par ordre.
hinrichten, v. exécuter quel-
  qu'un.
die Nichte, la nièce.
A. der Herzog, le duc.
der Papst, le pape.
der Enkel, le petit-fils.
die Hingebung, le dévoue-
  ment.
die Meder, les Medes.
der Großvater, le grand-
  père.
der Begründer, le fondateur.
das Reich, l'empire, m.
gewaltig, puissant.
abhängen, v. ir. dépendre.
mächtig, puissant.
der Schäfer, le berger.
der Räuber, le brigand.
das Findelkind, l'enfant
  trouvé.
die Wölfin, la louve.
die Zwillinge, les jumeaux.

FIN.